新时代思想政治教育
工作探索

杨　方　邵丽坤　周改玲◎著

線裝書局

图书在版编目（CIP）数据

新时代思想政治教育工作探索/杨方，邵丽坤，周
改玲著. -- 北京：线装书局，2024.1
ISBN 978-7-5120-5970-2

Ⅰ.①新… Ⅱ.①杨… ②邵… ③周… Ⅲ.①高等学
校－思想政治教育－研究－中国 Ⅳ.①G641

中国国家版本馆 CIP 数据核字(2024)第 050237 号

新时代思想政治教育工作探索
XINSHIDAI SIXIANG ZHENGZHI JIAOYU GONGZUO TANSUO

作　　者：杨　方　邵丽坤　周改玲
责任编辑：温　暄
出版发行：线裝書局
　　　　　地　　址：北京市丰台区方庄日月天地大厦 B 座 17 层（100078）
　　　　　电　　话：010-58077126（发行部）010-58076938（总编室）
　　　　　网　　址：www.zgxzsj.com
经　　销：新华书店
印　　制：北京四海锦诚印刷技术有限公司
开　　本：787mm×1092mm　1/16
印　　张：10.75
字　　数：202 千字
版　　次：2024年1月第1版第1次印刷
定　　价：88.00 元

线装书局官方微信

前 言

随着信息技术的迅猛发展，大数据时代已经到来并开始影响人类社会的众多领域。对学生思想政治教育而言，大数据时代更是不可抗拒也无法逃避的新环境。新时代的到来为我国学生思想政治教育工作带来新的契机，激发了对学生大数据收集、挖掘和分析的积极性。这不仅有利于观察学生群体的总体特征，实现学生行为的预警及预测，还有助于探究个体学生的偏好以及习惯，实现学生思想政治教育的个性化。如何深刻理解新时代思想教育的内涵，把握其对传统思想教育带来的挑战，探索思想教育发展新模式，是现阶段思想政治教育队伍开展思想教育理论研究与实践的重要课题。另外，新的形势下，思想政治教育工作的开展面临着很多新的要求和挑战，如何能够更好地提升思想政治教育工作的水准，实现对于人才道德品质的全面培养，这是我们必须着重考虑的一个重要问题。

本书是思想政治教育方向的书籍，主要研究新时代思想政治教育工作，本书从新时代思想政治教育的解读入手，针对新时代思想政治教育环境、不同背景下的思想政治教育、新时代思想政治教育工作方法与队伍建设创新进行了分析研究；另外对新时代学生学风培养创新、新时代学生品行教育创新探索、新时代校园管理工作的创新做了一定的介绍；还对中国优秀传统文化与思想政治教育工作融合提出了一些建议；旨在摸索出一条适合新时代思想政治教育工作创新的科学道路，帮助其工作者在应用中少走弯路，运用科学方法，提高效率。对新时代思想政治教育工作的应用创新有一定的借鉴意义。

另外，作者在写作本书时参考了国内外同行的许多著作和文献，在此一并向涉及的作者表示衷心的感谢。由于作者水平有限，书中难免存在不足之处，恳请读者批评指正。

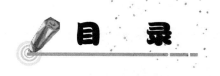

目　录

第一章　新时代思想政治教育的解读

第一节　新时代思想政治教育的重要性及内容

一、新时代思想政治教育的重要性

（一）思想政治教育对学校的重要性

学生思想政治素质的培养是从学校的思想政治教育开始。学校通过传授健康的思想和马克思主义理论，从而培养有先进思想的学生。用马克思主义思想体系教育学生，是因为马克思主义思想不仅是实现社会主义高等教育的目标所必需，也是意识形态斗争的客观规律所决定的。学校作为知识的殿堂，有着高科技的科学知识、健康的文化、丰富的革命理论成果，学生应抓住机会，努力学习各种科学理论和文化知识，从纪律、理想、道德等各方面武装、充实自己，成为政治素质高、品德修养好、能力强的人才。同时，思想政治教育应与时俱进，与社会生活的时代主题相结合，不断地满足社会的新需要，从而发挥更大的作用。

（二）思想政治教育对学生的教育的重要性

学校教育就是要使受教育者在德、智、体、美、劳诸方面得到全面的发展。思想政治教育不仅促使人们树立正确的道德责任感和生态责任感，而且帮助人们将事实认识与价值认识统一起来。通过思想政治教育，学生的精神文明层次不断得到提升，使他们能在与自然交往中克服困难和挫折，用积极向上的健康思想来督促自己，鼓励自己，让自己不断地进步。接受先进的思想政治教育，锻炼自己的心理和才智，让自己全面健康地成长。

学生应该树立自己的人生理想和追求，明确未来发展的方向，在德育、智育、体育上主动地接受各个方面的考验和挑战，把自己锻炼成时代和社会所需要的人才。通过思想政治教育，能帮助学生掌握辩证唯物主义观和历史唯物主义观，从而使他们形成科学的思想方法，培养他们运用马克思主义方法论去辩证地认识、分析和解决问题的能力。

所以，教育学生用马克思主义武装自己，培养学生健康的心理，掌握科学的学习方法和技能，是培养社会主义建设事业人才的基本要求，成才的前提条件。加强和改进学生思想政治教育是关系国家前途和民族命运，确保中国特色社会主义事业兴旺发达的必要过程和阶段。一个有远见的民族、有远见的政党，应该把关注的目光投向青年，把青年看作推动历史发展和社会前进的重要力量。卓有成效地对青年学生进行思想政治教育，也是使他们全面发展的中心环节。

二、新时代思想政治教育的基本内涵

广义上的思想政治教育，指一个群体为了巩固自己的统治、维护自身利益和顾全大局发展，而对其群体内全部成员的思想意识施加影响，通过灌输符合自身阶级统治利益的思想政治观点和道德模范等，实现群体成员思想道德符合阶级统治发展要求的思想道德标准。思想政治教育是指教育者按照规定的教育机制和符合时代的教育理念，采取一定的教育手段，根据社会发展的需求和教学目标的要求，对受教育者即学生进行有计划、有目的、有组织的思想道德的教育和政治素养的培养。通俗来讲，就是对在校学生思想意识统一地加以影响，使其形成与社会发展所需的思想道德标准相符的思想观念、道德品质，为国家未来储蓄人才。这是学校一项教育目的明确、教育内容具体的活动。当前我国学校为了达到其相应的教育成效，将理论灌输法与实践教育法有机融合。

（一）思想政治理论教育

学校通过思想政治理论课的课程学习，加深学生的思想政治知识底蕴。目前而言，学校的理论灌输法不仅体现在相关的课程中，也体现在通过党组织推优及党员培养的方式进行思想政治教育。

第一，通过对团员的推优，安排学习党课知识，配合完成党内实践活动等，在思想政治教育的过程中完成团员向党员政治身份的转变；

第二，通过对党员党内知识的培训和定期召开党内学习会议等活动，一方面，考查和考核学生的思想意识和行为道德，另一方面，更加强化了学生的政治素养。这种教育方式一般以非固定课程教育的形式在学生中开展。这些理论课程，不仅包含了马克思基本原理、方法及思想精髓的讲授，还包括马克思主义中国化的具体内容的讲授。从目前来看，学校的理论灌输法的具体教学模式和环节包括理论的教授、学习、宣传和培训及研讨等环节，是学校开展思想政治教育最基础，同时也是最高效的方式。

（二）　通过实践锻炼法开展教育活动

简而言之，就是通过计划合理、目的明确，引导和组织学生参加形式多样的、能够提升其思想意识和道德素质的社会实践性活动。在多样化的时间锻炼活动选择中，既要顾及学生的年龄特点、性格特征、学习能力，以及不同年级等多方面因素，也要同时兼顾将适当的教学内容加以融入，彰显实践活动的教育性。通过实践教育活动，提升学生的思想觉悟和认识能力，强化理论灌输的知识和内容，达到理论知识内化的目的。但是，为数不多的实践活动所呈现的教育力度和成效是微乎其微的，因此学校必须长期坚持时间实践活动，才能使学生在反复的实践中提升认识，并将认识内化为自身信念。

（三）　提供咨询辅导

除此之外，学校思想政治教育的方式还包括咨询辅导法，该方法指教育者通过语言、文字等形式，并结合专业的科学理论和指导技巧，与受教育者进行沟通交流，对其进行思想启发和心理引导。

（四）　学校辅导员的教育

作为学校思想政治教育的重要方法之一，最主要的教育力量就是学校辅导员，学校也愈发重视其队伍的建设。辅导员是学校思想政治教育队伍的重要分支，对学生思想政治教育工作而言肩负重任，全国学校严格按照相关的教师和学生比例设置辅导员岗位，以确保学生咨询辅导的质量。

（五）　树立正确的道德观

道德观体现了一个人的道德意识和水平，马克思主义道德观主要表现为一个人在处理个人与社会集体关系，个人与他人之间的关系所遵守的准则。人的道德观核心是个人行为在个人利益中所占比重的大小。个人所处的环境不同、社会阶级不同则会形成不同的道德观。学校思想政治教育工作中的思想道德修养教育也应围绕新时代道德观展开。新时代道德观要求学生树立讲文明、讲诚信、知行合一的道德观，艰苦奋斗、无私奉献、为人民服务的道德观。

学校思想政治教育的根本宗旨是立德树人，把道德观教育贯穿思想政治教育的全过程中去，对学生进行道德观教育在学校思想政治教育工作中占有举足轻重的分量，接受道德观教育需要学校、社会、家庭的多方面努力，引导学生修身立德、成长成才。

（六）树立正确的世界观、人生观、价值观

学校教育的主要群体就是学生，他们在意识形态上常常会受到各方面因素的影响。例如，经常在网络上阅览信息，通过新媒体进行交流，更愿意接受新鲜事物等，具有复杂性。学生作为一个群体，思想上处于不够成熟稳定的发展阶段，如何解决好学生在思想意识形态方面遇到的问题至关重要。学校思想政治教育内容就对这一问题进行了系统性回答，用什么来培养新时代的学生，把什么内容教给学生，体系中教育内容这一要素怎样配合学校思想政治教育工作中的其他要素，确保各要素协调一致、同向同行，确保思想政治教育建设的有效性，可以看出在体系建设中教育内容这一要素起到了支撑作用。学校思想政治教育的内容包括学生普遍认可的"三观"的内容，也包括政治观和道德观，还要纳入社会主义核心价值观的内容才算完整。思想政治教育内容在思想政治教育建设中具有决定性的意义，它是思想政治教育系统的第一要素。

关于"三观"的教育正是思想政治教育中的基础理论教育，要想培养拥护党的方针政策、政治觉悟高、思想先进的学生。对学生开展"三观"教育，坚持马克思主义理论教育，这是引导学生提升"三观"的根本路径，是塑造学生思想灵魂的基础。

（七）思想政治教育必须适应我国社会发展的客观实际

人民群众作为社会的主人，其本质是一切社会关系的总和。因此，个体所拥有的社会关系，以及社会意识等因素，不仅会对人民思想的变化发展产生影响，而且还会对其起到制约的作用。思想政治教育对于个体与群体的思想转化都要加以重视，并且要重视社会风气及舆论能够起到的作用。这就要求，思想政治教育出发点与立足点一定要是社会发展的实际以及人民的思想疑难问题现状，不仅应该将人民看成是一个整体，在相同的起点上进行教育，又应该对千差万别的人民思想疑难问题深入细致地进行研究，并对其加以有效地解决。这样一来，就能够让理论与实践紧密地联系起来，让思想政治教育本身的针对性以及有效性得到增强。要想能够对人民思想发展变化的规律有准确的了解与掌握，那么就只能与实际紧密贴合，做好与之相关的调查研究工作，让思想政治教育的针对性、系统性以及创造性不断得到增强。

第二节　新时代思想政治教育的基础认知

一、新时代思想政治教育的原则

（一）坚持把好方向

新时代学生的思想受社会关系和社会环境的影响程度不容小觑，尤其是在自媒体环境下，各种网络信息充斥在学生周围且快速传播，各方面的因素都影响着他们正确价值观的形成，这就需要我们在发现问题时及时做好思想政治教育工作。

1. 加强政治认同教育

学生作为现当代文化素质较强、政治素质较高的群体，是祖国未来的希望和接班人，他们对现存的政治体系的认同不仅关系到自身素质的培养和完善，也关系到整个社会的和谐稳定。现阶段，学生政治认同最重要、最核心的一点是对中国特色社会主义道路、理论和制度的认同，当前整体状况还是积极良性的。但由于学生思维活跃，政治敏锐性较强，在入学、就业、自身权利保障和家庭利益诉求等方面可能会对现状不满意，出现政治认同危机。受不可逆转的经济全球化浪潮的影响，中国社会整体进入了信息化阶段，已逐步形成多元思想文化碰撞的格局，生活在当下信息泛滥的环境中，各种没有经过过滤和甄别的信息充斥于学生们的现实生活当中，学生们对政治价值和政治规范的认知尚且不足，因而容易导致他们的政治认同与信仰会有动摇。针对这种情况，如果对学生缺乏准确及时的教育引导，定会对个人甚至国家造成巨大损失。

所以，学校教育工作必须要结合当前的实际情况与时俱进，关注学生在新形势下所处的校内外环境和所接触人际关系的变化，更准确地把握影响学生政治认同形成变化的关键要素，创新地运用教育载体，构建与学生身心实际相适应的思想政治教育新模式。只有把握学生的成长规律，真正了解到学生的所思所想，找到他们容易接受的教育方式方法，才能引导学生形成政治认同，把思想政治教育做到实处。

2. 提升思想认同意识

一种思想、理论被群众认可即可能产生巨大的力量，从而转化为人们的思想观念，对人们的行为产生实质性的影响。思想认同是深深植根于人们的头脑之中，是建立在对新时代中国特色社会主义思想的理性认知和准确把握基础之上的彻底认同。但新时代下的学生价值观多样多元，受复杂环境的影响，他们的价值观念和思想行为受到不同程度的干扰。因此，用新思想武装学生头脑，开展有效的思想认同教育，提升新思想的号召力、说服力、亲和力和覆盖面，将成为解决这一时代课题重要的一环。

学校思想政治教师作为学生成长路上的导向者，是党的相关理论的传播者，应以身示范，从学生接受教育的源头上做好深切感悟新思想的丰富内涵，科学把握其理论渊源与实践基础、历史地位与指导意义，激发学生对它的认同感，并在此基础上，教育学生产生思想认同，自觉规范政治行为。由于当前新媒体传播速度快，广大青年学生获取信息的渠道多，且学生在思维方式、价值判断和生活习惯等诸多问题上呈现出自身的特点，因而教师应切忌照本宣科，讲一些"假大空"的套话，善于运用贴近实际、贴近生活、贴近学生的实例去感染学生，加强学生对新思想的认同感。同时，也可以灵活运用新媒体技术，改进教育教学的方式手段，引导、教育学生主动学习、接受新思想并产生亲近感，由知识的认知向内心价值的认同转变。

3. 促进情感认同融入

帮助学生健康成长，以及为国家培养可靠的社会主义事业接班人是学校教育的职责所在。但在实际教育实践过程中，由于思想政治理论课与其他课程教育不同，它本身无法像其他课程一样进行客观尺度的量化评定，社会对其衡量度还不够完善，因而学生自己也不够重视。而我们又不能光靠对抽象理论的空洞说教和僵硬的制度约束来改变这一现象，因为对学生进行思想政治教育是一个需要注入情感的过程，一旦获得情感认同，就能根据思想政治教育的要求去规范约束其思想和行为。

因此，加强情感认同的整合，充分调动学生的积极情感因素，通过情感搭建学生和教师之间的桥梁是明智之举。触动学生们内心深处最朴素、最柔软的地方，使其增强对教育内容和方式的认同度，激发同理心，必要时还可"投其所好"，让学生自觉自发地认同马克思主义理论及我们党的路线、方针、政策。因此，学校思想政治教育不应是一律共性地强制灌输和考核，应遵从学生个性化的成长规律，充分考虑每个学生的道德认知和情感需求，努力实现在心理情感方面与之产生共鸣，使学生听之可信，信之能行，行之有效。

（二）知行统一

思想政治教育教学绝对不是学习文件、材料，或者从各个有关学科拼凑起来的知识的集合，它应当有一个自己学科体系。在这个方面，我们优秀传统文化中的教育思想，有丰富的案例，可以好好研究。我们要建设自己思想政治教育教学基本体系，建设我们共产党人自己的理学，建设我们共产党人自己的心学。思想政治教育教学就是理学、心学，理学就是指规律之学，心学就是指修养之学，围绕规律之学、修养之学，践行立德树人的职责、根本使命，来完成这个根本任务。知行统一原则就是思想政治教育教学所要追求最终目标。知行统一就是理论与实际相结合，思想政治教育的教学重点就是使学生的思想和行为在实践中达到一致，理论对实践有指导作用，实践是检验理论正确与否的唯一标准，马克思主义的认识论中明确要求我们要用理论联系实际的方法去认识客观事物，这既是对客观事物进行正确认识的原则，也是构建任何教学建构都需要遵循的原则。

思想政治教育教学作为指导教学实践行动最基本的理论指南，它首先必须是正确的科学的知识，进而又能指导教学行动的正确方向。思想政治教育教学与学生的思想行为密切相关，是培养学生的思想道德素质，使学生更好地认识社会主义主流价值观，形成社会所认同的思想政治观念，并用以指导实践，即教学就是转变或提升学生思想的过程，这一过程只有通过学生在认知上的转变和提升才能实现，只有让学生在对正确的思想观念进行了解、学习的基础上，还坚信这一观念的真理性，并用以实践，形成知行统一，才能说达到了教学目的，知而不行，那"知"就失去其意义。对于思想政治教育教学来说，这样的教学就是失败的教学。知是前提，而行是目的，知行统一才能达到用正确的理论指导实践的目的。因此，遵循知行统一原则有助于思想政治教育教学实效性的提高与目标的达成。在研究思想政治教育教学时遵循这一原则可以避免教学中教条化、公式化的倾向，进而使其教学范畴有助于解决"知"与"不知"，"行"与"不行"的矛盾，而这样的才是科学的范畴。在思想政治教育教学中，要使学生对基本理论的形成、发展的过程有基本的了解。因此，要通过对理论产生的背景进行阐述，从而引领学生感受理论的形成、发展的过程。有了这样一个感同身受的接受过程，才能在获得知识之后有一个与"知"相一致的"行"，思想政治教育教学的构建也必须遵循知行统一的原则。

（三）注重贴近实际

思想政治教育重点是做"人"的工作，受家庭、学校和社会等各方面因素的影响，新时代下学生的成长发展呈现出崭新的特点，这就要求教育者在教育过程中不能千篇一律，毫无生气，而应切实遵循学生成长规律，时刻关注学生的思想实际和身心特点，注重人性关怀，了解学生的成长需要，并让学生从思想政治教育中有所进步，增强受教获得感。

1. 关注学生的身心特点

人的个性是独立的个体在社会实践生活中形成的、区别于他人的特质，新时代学生的显著个性主要表现为精力旺盛、个性鲜明，思维观念多样且多变。这要求我们在教育过程中应当尊重学生成长规律，把握他们的思想实际和身心特点，拒绝千篇一律，做到因人而异，因材施教，理解尊重学生的个性差异，包容看待存在特殊情况的个体，针对不同主体的不同情形，对学生进行有区别、有分类地教育，为学生个性的充分自由发展提供空间，运用学生喜欢的合理方式进行教育，让他们真切感受到被尊重，进而培育健康、积极的人格。譬如，学校可以借助多种网络新途径，整合线上线下的相关教育资源，运用各式各样的、契合学生思想实际的形式，以激发青年学生强烈的思想共鸣，使其自主将所学内容内化为价值观念，外化为实际行动，提升教育效果。

2. 服务学生的成长需要

大学时期处于寻求知识、捕获真理的阶段，不仅要满足于书本知识，而且还要通过挖掘自身潜能和提高素质来满足社会发展的需要，才能更好地实现自己的人生价值。所以，新时代学生的生理和心理更加成熟，主体意识逐渐增强，主体需要的层次也在逐渐提高。因此，教师要紧抓课上和课下时间，尤其是氛围轻松、学生防备心较轻的课下时间，多与学生接触，了解掌握他们的个性特点，格外关注他们的成长发展需求和心理感受，并在合适的教学场合中通过各种有效的形式激活教育对象的内在动力，因势利导地增强学生的综合能力，使学生成长成才适应满足时代发展要求和社会进步需要，同时得到良性发展。

3. 增强学生受教获得感

获得感，是指学生在接受思想政治理论教育后产生的一种能够满足他们现实或潜在的且能长久维持下去的满足感和成就感，是一种对自身受教育的精神状态、主观体验和情感反应的表达。就传统教学模式而言，我们在教学中往往将关注的重点放在教师讲了什么，而忽略了学生的"获得感"，这就让教育有种"本末倒置"的意味了。具体表现为：许多学校的教学内容与中学政治课有很多重复，学生觉得没有新思想；宏大权威的理论叙述和千篇一律的共性化教学素材，使得思想政治理论课少了些生动活泼，显得枯燥乏味；教师教学死板，授课自说自唱、自娱自乐的现象普遍，忽视了学生的参与和体验，容易让学生无法找到兴趣点。因此，在进行教育实践的过程中，思想政治工作者应始终遵循学生成长规律，去了解学生的真实需求并关注学生的情感体验，增强理论课程的导向性，以亲和的方式感召吸引学生，从而让学生们在经过思想政治教育熏陶后能够有满满的体验与感悟，获得感倍增，这也是学校提升思想政治理论课教学评价和质量的精神准则与价值追求。

（四）人本原则

1. 人本思想渊源

纵观人类发展的历史可以发现，人不仅能够创造历史，还处于不断发展的社会历史之中。围绕人的发展进行研究，一定会得出与之对应的关于人的理论。而在中国的古代社会，因为封建统治所占据的历史时期十分漫长，所以历史上与人本有关的思想几乎体现的都是封建统治阶层对广大民众的定位与判断。

纵观中国古代史中关于人本思想的记载，不难发现，在我国古代人本思想主要是定位在民本的基础上的。古代历史中与人本相关的思想将各家学者和各个阶层的统治者对民本的思考进行了体现，同时也是民众对自己社会定位的思考。但是这些思想都或多或少地涉及了人的问题，因此这些思想对于现今人们所倡导的以人为本的理念也具有十分重要的借鉴意义。

2. 人本原则的内涵

人本原则，顾名思义就是以人为本的原则。"人本"这个概念在中华优秀传统文化中由来已久。在学校思想政治教育中坚持人本原则实质上就是坚持以人为本的教育理念，将教育者与受教育者都放在主体的地位，将马克思主义的基本观点运用到日常教学工作中，实现教学资源、综合管理、思想指导三者的有机结合，为青年学子树立正确价值观导向、开阔的世界观、积极的人生观，为今后个人的发展与国家的前进打下良好基础。

3. 坚持人本原则的必要性

坚持人本原则就是坚持贴近主体之一的受教育者群体。大量具有重复性的精准社会调查均证明，现如今我国青年学生的政治素养和思想教育水平总体来说较为良好。他们在日常生活和学习中思想活跃、拥护中国共产党、热爱祖国，并在社会和学校的双重影响下，成长为对中国道路、理论、制度、文化等方面充满自信的社会中坚力量，并且坚信社会主义现代化宏伟蓝图和中华民族伟大复兴的壮阔目标能够实现。可是，在错误思潮的冲击下，我国部分学生的思想同样也面临着挑战，而且逐渐受到一些拜金主义和民族虚无主义的影响。作为思想政治教育理论传播载体的学校如果不能够深刻认识到贴近青年学生，彻底了解他们的思想变动历程的重要性，那就只能进行"灌输式"的教育。学校思想政治教育工作者理应深入学生群体、想学生所想、急学生所急，切身感受学生的思想需求，更进一步地与学生沟通交流，运用全新的教育教学方法来了解青年群体的思想症结、心理诉求，将自己置身于青年学子的群体中去，才能在生活和学习中与他们进行更好的交流和沟通，达到教育双方的相互理解和支持。

4. 坚持人本原则的途径

（1）实现教育者与受教育者双主体地位的业内共识

首先，尊重教育者的主体地位。教师在教学中扮演了一个举足轻重的角色，虽然在大学阶段众多学生已经生理上成年，他们朝气蓬勃，勇敢上进，但与此同时他们同样也是一个意志力较为薄弱的群体，世界观、人生观、价值观还未完全扩充完整。如果没有在教师正确和合理的引导下，很容易在意识形态上产生偏差，进而对个人甚至学校和社会产生严重的负面影响。学校思想政治教育就是要发挥出教师的引导作用，充分了解学生的成长环境以及人生经历，尊重个体的独立性与个性。

其次，也要尊重学生作为主体之一所产生的不可忽略的作用。思想政治教育工作者必须让学生意识到自己的主体作用，使其产生强烈的主体意识，在日常学习和生活的交流中逐步培养起学生的自觉学习态度，真正做到心中有律，行动有规。只有在业内达成教育者与被教育者双主体地位的共识，才可以让思想教育理论不断地得到创新与发展，加强思想政治教育在现实生活中的实践作用。

（2）坚持科技背景与教育方法创新的完美融合

思想政治教育作为教育体系中极为重要的一环，同样也需要跟上时代潮流，利用科学技术是对教学方法的创新与发展。先进的教育必须更注重培养能力，但是能力必须与自身知识体系结合在一起才能发挥更大效用。所以，只有努力做到知识与能力的结合，才能在科技时代实现科技与教育的创新发展。由此可以看出，教育者一定要将自己置身于科技发展水平不断推进的历史发展进程中，做到因势而新，同时正确认识我国与其他发达国家之间的差异，与国际接轨，不断提升自身教育的质量与水平。在教育手段上的创新体现着一个学校对思想政治教育的重视程度，不断开展课外的实践活动，如田野调查或红色之旅等方式，是让一部分"五谷不分、四体不勤"的青年学生体验当代中国最直接的方式，也是历史与现代的一次跨时空连接。还有线上慕课等大量利用网络平台衍生出的全新的教育教学方法，不仅创新了思想政治教育的传播模式，也合理优化了对被教育者的考查结构。基于此，各学校更应该积极合理的利用起网络平台，对学生进行多方引导，合理上网、文明上网，全面提高网络化时代学子的整体素质。

（3）加强学校立德树人教育环境的基础建设

科学文化知识与人文情怀是学校区别于其他教育传播载体的关键所在，校园文化环境无论是对教师还是对学生都会产生极为重要的影响。学校作为社会主义建设人才输送的主要阵地，积极推进立德树人教育环境的基础建设就是坚持以人为本原则，发展创新思想政治教育。首先，要把师德师风建设放在首要位置，教师不仅是专业知识的教授者，同样也是道德教化的传播者，师风师德建设是学校立德树人教育环境基础建设的最重要一环。这要求教师不仅要有高学历，还要具备高品德，只有这样才能对学生产生积极正面的影响，对整个学校环境起着至关重要的作用。其次，是必须把马克思主义的指导作用放在首位，以科学性和革命性统一的马克思主义指导思想为主体，根据受教育者的需要开展丰富多彩、创新十足的校园文化活动，具体落实理论上有指导、实践中有规范。最后，要在校园网络平台中坚持宣扬立德树人理念，将学校人本原则的思想政治教育方法和观念合理植入学生群体心中，并且以自身行动积极维护校园文化环境的创建。

（4）关注学生的内在需要

年青一代的学生，经历了青春期的迷茫，生长阶段进入了稳定期，其表现欲、自尊心和求知欲都非常强，有了自己的人生目标和规划。他们思维活跃、眼界开阔、易于接受新生事物、创造性强，具有比较独立的主体分析判断能力。同时，他们自我意识强，在政治信仰、知识获取、择业就业、恋爱交友等方面有较强的自主性，并且有了自己的人生追求，对自我的全面发展有很多主观需要。思想政治教育如果不抓住学生需求，那么学生就容易受不良的社会习气所感染，形成错误的价值观判断和信仰，导致思想政治教育达不到理想的效果。所以，在进行思想政治教育的时候，需要对学生内在的需求加以关注，要与学生实际生活更加贴近，对学生的所思所想有一定了解，并以学生内在的需求为依据，设计和开展思想政治教育活动，让学生能够自觉地接受思想政治教育，满足自身发展需要的同时提升自身思想政治素养，才是学生所需要的真正的人性化教育。

当代学生受网络媒体、新闻广播、微信、微博等外界信息的影响，思想观念极易受到错误思想观念的影响，教育者如若不能及时关注和掌握学生的思想动态，解决学生热切关注的问题，那么其提出的与学生有关的意见和建议就很难具有针对性，学生对思想政治教育就会产生厌烦心理和不信任感，认为教育是无用的。要实现思想政治教育中的以人为本就应该站在学生需求的角度思考问题，和学生进行深入交流，掌握学生的需求。例如，在思想政治理论教育课程结束后，让学生对本次课程进行客观、合理的评价总结，然后教师根据学生提出的意见和建议，有针对性地进行调整和改进，这样既使学生发挥主动性去积极思考和接受所学知识，也促使教师不断地对教学进行完善，将以学生为本的教育理念体现出来，让思想政治教育的实效性得到增强。

二、新时代思想政治教育的功能

思想政治教育作为一种社会现象、一种社会实践活动，与社会系统之间存在密切的关系，具有明显的社会性。思想政治教育既受社会的制约，也对社会发挥能动作用。思想政治教育作为社会治理的重要途径，在这一背景下要充分发挥其社会性功能，彰显其社会性，实现其社会性价值。

（一）政治导向功能

学校思想政治理论课程具有政治课程的性质，也具备政治导向功能。这一功能不仅适应了学生的成长规律，也是社会主义大学办学目的的必然要求。一方面，学生正处于政治信念和价值取向形成和夯实的重要时期，这就需要有符合国家意识形态和社会发展要求的政治观点、政治思想和正确价值观对其进行教育和引导，使其形成坚定的政治信念和正确的价值取向；另一方面，通过此课程向学生传授马克思主义理论知识，毛泽东思想、邓小平理论、"三个代表"重要思想、科学发展观、习近平新时代中国特色社会主义思想等，明确辩证唯物主义的思想，宣传中国共产党的光辉历史和优良传统，解读党和国家的路线、方针和政策，培养出以马克思主义为主导的世界观和具有坚定的社会主义政治信念和理想信念的人才。最终使得当代学生能够不忘初心，坚持共产党领导，继承先辈的革命斗争精神和传统，坚决维护祖国统一和团结，将祖国的利益和荣誉放在心中首位。具有献身祖国、报效人民的思想觉悟，坚定拥护党的领导和国家的政策方针，做忠诚的爱国主义者。

（二）道德培育功能

对学生进行道德准则教育和道德价值引导。通过向学生灌输道德准则和解析道德问题，让学生明确、熟知各种基本道德准则和学会判断何为正确的道德价值，何为错误的道德价值准绳；培养学生内化于心的道德精神和道德素养，并逐渐使学生具备以不变应万变的道德能力。

（三）文化熏陶功能

当前学生综合素质的培养和形成，必须建立在拥有坚定的马克思主义信仰且对中国共产党和中华民族历史文化、党和国家的路线、方针和政策及当前世界局势等全面理解的基础之上，这就需要通过思想政治课程学习，夯实学生的综合素质，培养其高昂的民族精神，激发其树立高度的社会责任感和较强的历史使命感。

学生尚未踏入复杂多变的社会，还没有在这一过程当中积累丰富的经验和阅历，在对待事情时往往会过于理想化。同时，他们对于社会上的诸多现象存在着很多困惑，特别是在多元价值理念和社会思潮涌入我国之后，给学生的学习生活带来了很大的影响。而在大学时代这一宝贵的时期，教师要注重优化教学实践活动，让学生能够拥有正确的选择，在困惑当中找到正确的方向，坚定理想与信念。

（四）能力培养功能

学校教育不仅要让学生熟练掌握专业的科学文化知识和广博的相关知识，还应该着重培养学生的综合素质能力。在培养和提升学生各方面的能力上，思政课程具有其他课程无法比拟的独特优势。如在"马克思主义基本原理概论"课中，通过讲解唯物主义思想，能够帮助学生形成科学的世界观和方法论；通过讲授唯物辩证法，形成严密的逻辑思维等。

（五）行为引导功能

毋庸置疑，不管理想信念的层次如何，最后都必须在实际行动当中进行展现。而通过对学生日常学习、生活当中的行为进行人物分析，也可以从侧面体现出他们的整体素质，特别是思想政治素质。思想政治理论课程教师要充分发挥自身在学生行动指导方面的积极作用，认真剖析学生出现有关行动的原因，可以积极组织高层次的校园文化实践活动，如专家讲座、校园文化艺术节等活动，让他们能够将正确的思想理念内化为实际行动。

第三节　新时代思想政治教育的理论教学

一、新时代思想政治教育理论教学的特征

（一）整体性与层次性相结合

1. 整体性

首先整体性在思想政治教育教学中体现在教学中的每一阶段和环节中。其次，还体现在教学内容的整体性，思想政治教育是向学生传授马克思主义理论知识，这一理论具有完备的逻辑体系和框架，其发展历程也具有整体性。思想政治教育教学的导向指引下的整体性主要表现在，以思想政治教育为教育教学内容并引领教学的正确方向，而这门课程本身就具有完整性，在教学过程中首要的是让学生认知和了解这门课程和教学内容及其思想的整体性，而不是对某一部分具体的知识点进行深挖，因此对思想政治教育教学体系的构建应坚持完整性这一特征。在教学过程中，不应把认识某一具体知识的目的作为教学的第一要务，否则学生将无法掌握这一教学内容的思想，更无从谈起对知识、思想的转化。

思想政治教育是一门兼具系统性、完整性的课程，可将各种性质类型的教育教学因素

整合到教学过程中，并能引导学生把感性的认识或零星的观点转化成一个整体的思想政治素质，其教学最重要的一点就是要使学生对马克思主义理论的价值立场、观点等的认识转化为信念，因此在教学过程中一定要重视对整体性的把握。思想政治教育教学从根本上来说，也是思想政治教育范畴体系的重要组成部分。这一范畴体系是一种思维形成的存在，由不同的要素、层次而构成的一个整体结构，其变化发展集中地体现了辩证逻辑整体的运动过程，在过程中不同的要素、层次之间，整体与层次、要素之间，整体与外部事物之间都有着各种联系。思想政治教育教学作为一个学科体系的重要组成部分，必然要通过思维形式来系统反映其包含的规律，使教育者和受教育者从中获益。思想政治教育教学体系从本质上揭示各个范畴之间的运动轨迹和规律。

2. 层次性

思想政治教育教学的层次性表现在，这一教学既然是一个教育教学的整体系统，其间必然具有教育教学的局部层次。思想政治教育教学体系的划分是依据逻辑思维的组织、推演及运行规律展开的，继而形成了由起点、中心、中项、成效和终点等范畴构成的具有逻辑性和科学性且合理有序的范畴体系。思想政治教育教学是围绕中心范畴，然后从起点范畴开始，经过中项范畴、成效范畴，最后到达终点范畴的动态运动和发展变化的过程。这个过程动态简洁地揭示了思想政治教育教学体系中不同要素和层次之间的内在联系，以及运动变化的本质规律。思想政治教育教学的整体属性决定了其各要素不是孤立的，只有体系完整、各要素层次分明、合理有序地联系在一起，才能科学地反映思想政治教育教学的本质规律。

在思想政治教育教学体系中整体与任一层次，层次与层次之间都有着相互制约与依存的关系。思想政治教育教学不仅具有导向指引下的整体性特征，而且还具有教育教学过程中的层次性特征，从而能够把这一系列的动态联结为合理有序、层次结构分明的有机统一整体，从而构成体系。综上，思想政治教育教学具有导向指引下的整体性和教育教学的层次性的特征。

（二）民族性与时代性相结合

1. 民族性

民族性对于一个民族、一个国家是至关重要的存在，民族文化是大浪淘沙留下来的精华，凝聚了一个民族的思想精髓和智慧结晶，随着传播和继承早已融入人民的灵魂中。民族文化造就了不同民族的不同习俗和主要特征，民族性是文化的脊梁，是文化价值存在的基础和前提。弘扬中华优秀传统文化也是思想政治教育工作的重要内容，培养学生的民族自尊心、认同感、自豪感，能够有效帮助青年形成正确的世界观、人生观、价值观，从而拥有优良的性格品质。中华民族文化具有悠久的历史和深厚的底蕴，历史上的一些思想和理念到今天仍然散发着生机和活力，仍然具有可借鉴性。忠、孝、礼义、廉耻等社会道德标准造就了中华民族的民族精神。经过这些民族精神的洗礼，学生的道德文化素养可以大大提高，有助于学生成为新时代中国特色社会主义建设的优秀人才。

2. 时代性

思想政治教育必须牢牢跟上当代社会的发展节奏，要具有鲜明的时代特征，时代性主要特征在教育内容中有所体现。举个例子，当前形势下中国共产党的政策、方针、路线如何制定的，有关党的理论是如何发展的，在现实生活中又有什么样的应用和依据，这些都很重要，思想政治教育也只有融入新时代的理论内容才具有生命力，才更容易被学生掌握。随着改革开放和社会主义市场经济的不断发展，学生的思想、价值取向与以前相比产生了巨大的变动，受到了前所未有的影响。随着外来信息的不断涌入，人才需求的扩大，青年学生有了更大更好的舞台来发挥自己的才能。但是，世界上不同民族文化的价值观、生活理念的涌入，形成了思想碰撞，导致了文化和意识领域的丰富化、多样化。而且当前信息全球化、网络全球化，也对当代学生思想政治教育提出了新的挑战，学生在生命中遇到的任何一个问题都难以有标准的答案，这使得教育者在给予学生正确信息的权威受到了挑战，这是学生思想政治教育工作需要思考的新问题。时代性特征就是指思想政治教育要使理论联系新时代的实际，这就考验了思想政治教育者的理论驾驭能力与结合实际有效地解决问题的能力。只有具备上面所说的品质和能力，对于实际遇到的问题才能有更透彻、更有深度的理解，思想政治教育才能达到新的高度。

（三）客观性与主观性相结合

思想政治教育教学是客观内容与主观形式的辩证统一，它是对思想政治教育教学实践活动中的各种现象之间的关系，以及教学的特性、教学方面等本质的一般概念的概括和反映。思想政治理论课教学的客观性与主观性的统一体现在两个方面：一方面，是其内容来源是客观的，一点也不能离开客观实在性；另一方面，是从形式上来说是主观的，它是内容这一客观存在的反映形式，人们通过自身的主观能动性，对教学实践的具体内容进行能动的思考，对其进行能动的反映和改造。假使没有通过意识和思维对教学实践的客观内容进行主观创造，其也就无法在特定的思想政治教育教学实践活动中形成客观性和主观性统一。

思想政治教育教学的客观性是指其教学内容来自这门课程所研究的特殊领域的教学实践，包括具体的课堂教学和实践教学，且其所固有的本质和规律性是不以教育者的主观意志为转移的客观实在，思想、知识、行为、教师与学生、理论教学、实践教学、管理教学，理论灌输与情感共鸣等都是这一内容，它们都属于意识层面，但其都不是由主观意念自主产生的，范畴体系的构建都是从实践中产生，是教学实践的结果，是对实践的科学分析和抽象，所以它不同于不以人的意志为转移的，独立于人们意识之外的客观实在性的物质的客观性。思想政治教育教学是对教学实践活动的本质和规律的反映。因此，从其范畴内容的来源和它建构的过程、趋势等来看，它都具有客观性。

研究理论问题时，我们需要充分调动人的主观能动性，人们的主观性将思想政治理论课教学研究领域中产生的，具有客观实在性的原材料进行加工制作，以此而形成。这种加工制作就是通过人脑对客观实在进行理论思维的创造活动，使其在表现形式上具有主观性。就如我们在讨论教学问题时，不能把教学的内容和反映形式割裂开来，只承认教学的主观性或者只承认客观性，都是片面的，都是错误的，思想政治教育教学是主观性和客观性的统一。

二、新时代思想政治教育理论教学的意义

（一）有助于学生和教师高效完成教学任务

对学生和教师顺利、高效地完成教学任务有重要的保障作用，具体体现在两个方面。

首先，它是思想政治理论课教学理论本质和规律的手段与工具，这一教学包含着已有的学科教学理论知识。通过思想政治教育教学的推演，概念的移植等方法，对教学领域的种种关系产生新的认识，归纳、总结出思想政治教育教学过程中的新特性和关系，进而架构出新的范畴，由此产生出新的理论。思想政治教育教学基本理论框架的发展创新是基于范畴的产生和形成，而思想政治教育教学的产生和转化会对其教学理论产生新的变化。通过不断研究和发展创新，对思想政治教育教学领域内的现象有一个新的认识，包括特性、关系，甚至是范畴的基本内容等都会有不同的认识。

其次，它是思想政治教育教学实践活动本质和规律的手段与工具。思想政治教育教学对教学的思维方式具有引导更新作用，使思维与时俱进。在对思想政治教育研究、推演的基础上，产生出思想政治教育教学的具体内容，这实际上就是思维运动的结果，通过对已经存在的范畴进行深一步的探索，产生新的范畴并揭示其概念。通过对教学范畴不断深入研究，它能对教学中的各种现象的认识从感性上升到理论层面，为思想政治教育教学实践

活动指明方向，确保学生和教师顺利高效完成教学任务。

（二）有助于学生树立正确的理想信念

通过思想政治理论课教学可以使学生完整地、准确地、科学地理解和把握马克思主义的科学理论，避免了对马克思主义理论片面的、肤浅的理解，同时也可以避免或减少某些学生用个别结论、现象代替或否定马克思主义的价值立场和真理性等。通过思想政治教育教师用科学的方法向学生讲授思想政治理论这一科学的内容，可以引导学生对科学世界观和方法论的掌握。人们借助思想政治教育教学对其实践过程中出现的现象、问题、关系都统一到一个有机体里，对其进行全面的、整体性的分析阐释，从而能更好地认识和把握这一系统，作为思维工具对教学进行指导，帮助学生树立正确的理想信念是研究范畴的重要作用，构建范畴体系，完善思维形态是教学理论研究的重要任务。通过思想政治教育教学指导教学实践活动，对保障学生树立正确的理想信念有重要意义。

（三）有助于提高学生的思想政治觉悟

思想政治教育范畴是通过思维逻辑对具体的现象进行抽象化，而其功能则是把抽象的概念具体化，用以指导实践。换句话说，这一教学就是从逻辑层面展现了教学过程的系统性和整体性，从而构成教学理论的基础。思想政治教育开始前，理论教学是教师所采用的教学主要手段方法，具备指导作用，也是教学方向的重要影响因素，保证教学内容和对学生思想的引导方向是正确的，是与马克思主义所提倡的思想、政治、价值观念保持一致性，保证对学生培养的是正确价值理念和政治方向，对提高学生的思想政治觉悟及坚定正确的政治方向有保障作用。

第四节　新时代思想政治教育的实践教学

一、新时代思想政治实践教学的概念与特征

（一）新时代思想政治教育实践教学的概念

思想政治理论课也经常被称作思想政治课，是当前我国学生的必修课，也是学校开展思想政治工作的重要渠道。思想政治课的教学质量关系到学校思想政治工作的最终效果，

同时也关系到国家青年学生的成长与成才。思想政治课的实践教学是学校思想政治课教学中的一个极为重要的环节，其重要地位和功能必须引起足够重视。到目前为止，我国学校思想政治课的实践教学工作取得了一定的成果，但是从总体来看，还存在着不少问题。其中最为重要的就是人们对于思想政治课实践教学的内涵、目的和意义尚未形成一个准确、清晰的认识。

思想政治课实践教学，顾名思义就是在思想政治课理论教学全部完成的前提下，通过各种形式的具体实践途径，让学生进行体验和反思，进而达到对思想政治课堂所学理论知识的消化、吸收，进而内化为学生自己的理念和价值观，外化为学生的具体行为，真正实现学以致用，同时帮助学生培养和树立马克思主义的世界观和方法论，成为优秀的新时代建设者和接班人。

思想政治课内实践是指在思想政治课的课堂教学过程中，思想政治课教师组织学生在课堂上开展如小组讨论、主题辩论、演讲、历史情景剧等活动，让学生运用思想政治课上所学的理论知识对某一个具体问题进行分析，提升学生对生活、对问题的思辨能力和解决问题的能力。

校内社会实践是指在校内通过各类社团组织或者与学校各个部门合作，如图书馆、团委等，在校内开展各种类型的校园文化、宿舍文化、班级文化和社团文化建设活动，让学生在参与学校的集体活动中提升团队意识和协作能力，提高自身的综合素养。

校外社会实践是指学生利用课余时间或者寒、暑假，在校外进行志愿服务、社会调研、义务劳动、岗位见习、参观访问等活动，了解群众的冷暖疾苦，体察社情民情，让学生在社会参与中加深对社会的认识了解和情感体验，激发学生爱祖国、爱家乡的热情，培育和增强学生的社会责任感。

（二）新时代思想政治教育实践教学的特征

要想正确构筑思想政治课实践教学这一育人平台，就必须用它自身的特殊属性将思想政治课实践教学与其他相似概念区分开来，让我们对它有更加清晰地认识，为发挥其作用而打好基础。以下是它的三个基本属性。

1. 实践性

实践性是区别实践教学与理论教学的根本之处，是思想政治课不再苍白无力的"制胜法宝"。开展思想政治课实践教学既可以对理论教学进行延伸和补充，又可以让学生摆脱说教式教学，让深刻、严肃的理论知识"活起来"。学生以主体地位参与实践教学活动，在活动中可以获得独特的体验，并深化对理论知识的理解，提升理论学习的广度和深度。

同时也有助于提高学生运用理论知识的能力，让学生在自我教育中，提升自我认知能力和道德素养。

2. 课程性

课程性这一特征被用来区分思想政治课实践教学与学生的一般社会实践活动。学生课程众多，校园生活丰富，有各种各样的社会实践活动，这些活动都可以起到锻炼学生能力、提高学生素质的作用。但并不是所有实践活动都可以称之为思想政治课实践活动。思想政治课实践教学是隶属于思想政治课的一种教学方式，有鲜明的思想政治课程特征。它始终是围绕思想政治课的教学内容展开的，目的是完成思想政治课立德树人的目标。

3. 社会性

社会性这一特征主要是区别思想政治课实践教学与理、工、农、医类的专业实习。理、工、农、医类的专业实习主要是通过各类专业性的实习，增强学生的实践技能，侧重培养学生的专业技能，也就是从做事的角度进行培养，是为日后进入社会，从事相关工作打好专业基础。而思想政治课实践教学是学生实现社会化的重要抓手，它是依托实践教学这一载体从做人的角度进行教学。学生可以通过思想政治课实践教学来感受社会，进一步培育学生社会责任感和使命感，使其能快速融入不断变化的社会。

二、新时代思想政治教育实践教学的意义

（一）有利于培养高素质技能型人才

思想政治课实践教学不只是课堂辩论和演讲，更多的是校内外具体社会活动的参与。具体来说，思想政治课的实践教学能够让学生有机会接触社会，参与社会活动，真实体察社会生活，在社会生活中领会和感悟国家政策、方针的重要性，人民渴望喜乐安康的真实诉求，进而提升自身的政治素质、思想道德素质和法律素质。与此同时，引导学生能够灵活运用马克思主义哲学思想来分析和解决实际问题，增强自身的职业素养与职业技能，真正成为对国家、对社会、对工作有用的高素质技能型人才。

1. 培育学生社会主义核心价值观

青年是国家的未来、民族的希望，应该注重对其社会主义核心价值观的培育。但由于新时代学生生活在物资充足、条件优渥的年代，没有经历过新中国革命、建设、改革中的种种磨难。加之新时代大环境的改变，各种错误思潮的负面影响，使得正确价值观的培育遇到阻力。因此解决学生正确价值观培育的疑难问题刻不容缓。

思想政治课微电影实践教学有利于价值正面引领作用的发挥，学校可以运用这一实践方式来培育正确价值观。这种崭新的实践方式，能够让学生从心理上容易接受，行动上乐于付出，收获上大幅提高。一部具有价值性、思想性微电影的诞生，需要在每一环节上都倾注大量的心血。因此学生在自己制作思想政治课微电影的过程中，首先，为了剧本的撰写需要搜集大量的资料并进行整理和理解，甚至有时也需要实地进行采访调研，这一环节可以培养学生鉴别信息和独立思考的能力，助推正确价值观的形成。其次，拍摄微电影时，学生通过亲身演绎，能够表达自我的真实想法、激发浓烈的爱党、爱国情感，培育社会责任感，用身边平凡人、平凡事引起共鸣、直击灵魂，使学生深刻领悟社会主义核心价值观。最后，在思想政治课微电影成片后，利用发达的网络对优秀的思想政治课微电影进行展播，增加互动性和感染力，发挥最大的育人效力，吸引更多的学生参与其中，让社会主义核心价值渗透到每一个人的心灵深处。

2. 基于学生的现实需要

学生在实践过程中，参与程度越高，主体作用发挥越强，对思想政治课的认同感和获得感将会越高。新时代学生大都思维活跃、动手能力强，有一颗展现自我的心。然而传统的实践教学方式，如小组讨论、制作调研报告等活动，都容易忽略学生内心的感受，削弱学生的主体作用，让部分学生只能被动地接受实践任务，从而减少对传统方式的心理期待。在思想政治课传统实践教学中，大部分学生只是一味地简单分析甚至复制拼凑，像完成任务一般匆匆结束实践教学。长此以往，部分学生会对思想政治课形成因循守旧、空洞乏味的印象，甚至还会产生厌恶的情绪，更不会有获得感。

因此，思想政治课实践教学应该采用以学生为中心的方式来开展，让学生作为实践教学的主角来参与其中。思想政治课微电影实践教学就不失为最恰当的选择之一。思想政治课微电影实践教学以学生的实际需求为导向，以学生现实认知水平为准绳，关注学生在学习生活中的真正困惑，解决学生的真正问题。这种教学方法能够引起学生感情上的共鸣和思想上的碰撞，在整个实践过程中，老师作为导演，学生作为主角，充分释放了个性、展现了自我。思想政治课微电影实践教学不再只是单纯的"填鸭式""灌输式"学习，而是让学生亲力亲为，充分享受主动学习的乐趣，同时培养学生的问题意识，锻炼学生的观察能力、冷静分析复杂情境的能力，最终提升学生综合素养。

3. 提高学生的综合实践能力

广大学校学生和教师应密切关注思想政治课中实践育人这一必不可少的环节，实践证明，目前微电影实践教学是众多新形式中较为有用的一种形式。

在制作思想政治课微电影的一系列活动中，学生作为实践教学的主体，参与到其中，发挥着主人翁作用。从自由成组，到主题的商讨选择、整体的分工布置、剧本的创作和修改，再到拍摄，直至最后的剪辑、配乐、加字幕等一系列活动无不锻炼学生的综合实践能力。

首先，从自由成组来说，学生就有很大的自主权，可以选择各方面互补的同学，组成一个战斗力较强的小组。这就锻炼了学生的辨识能力，同时也大幅增加同窗之间的友谊，提高团结合作能力。其次，从主题的确定可以促使学生搭设理论与现实之间的桥梁，锻炼学生的知识转化能力。从任务的分工布置可以发掘学生的各种潜能，如领导才能、策划才能、表演才能等。在剧本创作这一环节，让学生从艺术审美的角度进行剧本创作，可以加快对剧本创作专业知识的学习，同时激发学生的创造力。再次，从拍摄方面来看，可以加强学生的团队协作精神、磨炼意志、锻炼沟通能力、提升视频拍摄技能。最后，从思想政治课微电影的后期制作方面来看，视频的剪辑、配乐、加字幕，可以让学生直接接触新鲜事物，紧跟时代潮流，同时让学生掌握制作微电影的相关新技能。纵观思想政治课微电影的整个制作过程，不仅学生的思想得到了洗礼，而且综合实践能力也得到了提高，每个参与其中的学生都收获颇丰。

4. 实现学生对知识的体验

美国教育家大卫·库伯（Davld Kolb）描述了体验学习的循环过程：具体的体验——对体验的反思——形成抽象的概念——行动实验——具体的体验。由此，我们可以看出，体验知识在学生学习新知识的整个过程中处于关键环节。然而，传统方式并没有很好地调动起学生的积极性，让学生全身心地投入实践之中。实践时大部分学生迫于学校和老师的压力，只是草草了事，并没有真正地入脑、入心，更别说能够有所思考和启发。所以，发掘新型实践教学方式迫在眉睫。

随着互联网和新媒体的蓬勃发展，微电影也应运而生。实践验证，微电影实践教学是体验式学习最好的辅助载体之一。在思想政治课微电影实践教学中，学生要想拍摄一部高质量的思想政治课微电影作品，要从这样几个方面做起，首先，他们要对思想政治课抽象的理论进行深入的理解和思考，这样才能保证所拍摄微电影的思想性。其次，他们再结合自身对生活的所见所闻，将思想政治课抽象的理论与实际生活结合起来，找到二者链接的最佳契合点，进行主题的创作。最后，在拍摄过程中，他们自己亲身经历拍摄全过程，用行动对思想政治课的理论知识进行再一次的体验和感悟，使得自己的思想得到洗涤和升华。随着思想政治课微电影作品的完成，思想政治课的育人效果也能如期达到。

5. 培养学生的创新意识

学生是青年群体的佼佼者和领头羊，因此要千方百计地培养学生的创新创造能力。微电影实践教学是一种新型的实践方式，在其实践中需要强烈的创新意识。学生在微电影剧本创作和镜头拍摄中，可以充分发挥想象力，激发无限的创造潜力。通过一部部鲜活的微电影，能够给学生提供创造的舞台，让学生在这个属于自己的舞台上尽情展示自己独特的创造才华。

艺术来自民间，也生长在民间，它的最高使命在于为大众服务。微电影是艺术的一种形式，在制作思想政治课微电影时，无论是设计、构图、选景、服装、造型还是剪辑都体现着微电影的艺术性，对于缺乏艺术专业知识的学生来说既是机遇也是挑战。通过制作思想政治课微电影能够让学生满足审美需要、培养审美情趣、提升审美素养。这样不仅发挥了思想政治课微电影独特的美育功能，让思想政治课微电影的育人性高于艺术性而且可以使思想政治课成为学生心目中最难忘的课程。

（二）有利于提升教师的教学水平

作为一名思想政治课教师，不仅要有扎实的理论功底，还要有掌控和驾驭课堂的高超技能，更为重要的是，思想政治课教师要在潜移默化之中将正确的"三观"、正确的思想理念渗透到学生的思想之中，让学生在思想政治课堂上有收获，有获得感。而这种获得感的产生主要源自两个方面：一是有远见、有深度和穿透力的学术理论；二是要有丰富的实践教学环节，让学生在吸收有引领和穿透力的思想的同时，能够真正体察和感悟到生活的真谛、社会发展的规律。

（三）有利于推动教学改革与创新

思想政治课具有极强的思想性和理论性，同时也是实践性非常强的一门课。思想政治课实践教学不是一成不变的，而是要根据时代的发展，以及学生群体特点的变化来适时地进行调整，调整本身就意味着要不断地对思想政治课的教学环节进行改革和完善，不断创新教学的方式方法，尤其是实践教学的教学方式和方法。实践教学是与社会实际与时代发展紧密结合的，必须以当代学生最能接受、最愿意接受的方式来呈现，这样才能激发学生参与实践的兴趣和热情，从而能够有效地保障思想政治课的教学效果。

第二章　新时代思想政治教育环境

第一节　思想政治教育宏观环境

一、经济环境与思想政治教育

所谓的经济环境，是指人们所处的社会生产方式以及这种生产方式所决定的物质生活状况环境。它是社会环境的重要组成部分，对政治环境、文化环境的状况与发展起着决定性的作用，并且从根本上对学生的思想政治道德素质产生极其重要的影响。社会经济的好坏决定了思想政治教育的水平，良好的经济环境为思想政治教育的环境建设提供了坚实的基础，是思想政治教育的物质支持。

（一）经济环境对思想政治教育的影响

马克思主义实践观告诉我们，经济的不断发展能促进人们的生活质量，满足人们的生存和发展需要，客观上刺激人们对精神文化生活的需求，从而进一步提高人们的思想道德水平，使人们形成正确的思想政治观念，以及充分发挥人们思想政治的教育功能。

1. 经济环境引导着思想政治教育的方向

在新的经济环境下，思想政治教育需重新寻求自身发展的新方向。我们党在总结思想政治教育建设过程中遇到的问题中结合历史经验，在认真分析研究我国对思想政治教育的定位，为我国当前经济环境下的思想政治教育指明了发展的方向。思想政治教育只有紧紧围绕当前经济环境中的社会主义市场经济建设这个中心，才能为社会发展提供各方面，包括政治、思想以及人才的保证，使思想政治教育焕发出新的生机和活力。

2. 经济环境影响思想政治教育发展的运行轨迹

传统的思想政治教育主要是以行政主导式的方式运行，也就是说通过行政命令的方式将权力中心配置的全部思想政治教育资源自上而下地实施。在高度集中的计划经济环境的影响下，思想政治教育发展的运行轨迹主要是准行政式的思想政治教育运行方式，与当时的社会发展相适应，促进了思想政治教育的发展。但随着时代的发展，经济环境也发生了很大的变化，经济体制转变为市场经济，这种僵化而单一的思想政治教育运行方式也必须随之改变，以更好地适应社会发展的需要。思想政治教育运行方式的转变必须遵循经济环境发展的客观规律，其运行机制必须与市场经济体制相适应。充分考虑经济环境对思想政治教育的需求，将社会资源引入到思想政治教育中，调动社会各方面的教育力量，形成社会合力。使思想政治教育形成高效化、规范化、制度化以及社会化的新的运行轨迹。

（二）当前经济环境对思想政治教育的促进作用

学生的思想政治教育经济环境主要由生产力发展水平、生产关系、人们的经济观念以及当前的经济制度、科学技术等要素构成，影响和制约着人们的思想政治意识的形成和发展。经济环境是环绕在人周围的物质经济要素总和，具有客观实在性。学生的思想政治水平是建立在良好的经济基础之上的，为促进经济环境的良好发展，最根本的是要解放和发展生产力，摒弃生产关系中的各种不合理因素，尤其是暴富、贫富悬殊等社会现象，解决好各个利益群体之间的矛盾与冲突，使思想政治教育有坚实的经济后盾。

1. 生产力水平为思想政治教育提供物质基础

人们的物质生活水平是由生产力决定的。当生产力水平低下时，人们的物质生活水平不高，只限于满足于基本的生存需要。但是当生产力发展到较高水平时，人们在满足物质生活需要的同时，更进一步追求精神文化的提高，在客观上促进了精神文明建设的发展，增加了人们对思想政治教育的期望值，从而使思想政治教育功能得到充分发挥。改革开放以后，中国特色社会主义市场经济体制逐步建立和完善，极大地促进了社会生产力的发展，为社会生产力的发展提供了广阔的发展平台。人民的物质生活水平也随之得到极大的改善，整个社会呈现繁荣、充满活力的景象，为思想政治教育提供了良好的外部环境和坚实的物质基础。

2. 生产关系为学生的思想政治教育提供良好的条件

当前，我国所处的经济环境是以公有制为主体，多种所有制经济并存的所有制为核心的。这种所有制关系是实实在在、客观存在的，是思想政治教育活动的基础。改革开放以来，随着我国所有制关系的重新确立，也引起了思想政治教育的内容、形式、方向、目标等的转变，从而进一步影响了人们思想观念、道德观念、政治素质、价值取向的变化。经济所有制关系是思想政治教育经济环境的核心内容。生产关系不同于其法律形态，它是人对再生产条件的关系，是人们把生产条件当作他们的意志支配领域而发生的一系列关系行为，必须借助于现实的经济过程才能实现。在资本主义社会，生产关系以私有制为基础，在这种生产关系所有制中，人们的利益互相冲突矛盾，只为了满足自己私欲，追求一己之私利而辛苦劳作，在与社会利益、他人利益发生冲突时，首先选择的是自身利益。而我国是以公有制为主体的社会主义国家，人与人之间的利益从根本上来说是一致的，人们在追求自身利益的同时，也会顾及集体利益和社会整体利益，各个利益群体之间不存在不可调和的矛盾。由此可见，生产资料所有制关系对思想政治教育有着决定性的影响，而我国以公有制为主体，多种所有制经济并存的所有制形式决定了我国思想政治教育的社会主义性质，为思想政治教育指明了方向，提供了良好的发展条件。

3. 科学技术为思想政治教育提供了技术支持

科技是第一生产力，是精神文明建设的重要基石，科学技术的发展，不仅能促进社会经济的发展和进步，还是思想政治教育经济环境的主要内容，尤其是技术的发展更是客观上为思想政治教育水平的提高提供了先进的物质基础和技术保障。随着第三次技术革命时代的到来，思想政治教育者进行思想政治教育的手段、方式、形式越来越多样化、先进化，使思想政治教育借助了更多的物质手段和载体。计算机网络的飞速发展是第三次技术革命的重要标志，思想政治教育呈现信息化、网络化的发展模式，转变了学生学习方式、生活方式以及思维方式等，对思想政治教育提出了内容、形式、方法上的新要求，促进了思想政治教育功能的发挥，提高了思想政治教育的效果，推动了思想政治教育的现代化发展。

二、政治环境与思想政治教育

政治环境是指对学生的思想政治教育活动以及思想意识造成影响的社会政治制度与当前的社会政治现状。学生的思想政治教育直接指向学生的思想观念与意识，具有鲜明的政治性与阶级性，社会的政治环境对思想政治教育功能的发挥有着重要的影响与制约。

社会主义政治环境为新型政治人的形成提供了广阔的发展空间和社会环境，思想政治教育政治环境是社会环境的重要组成部分，是直接与思想政治教育紧密联系、关系密切的环境，一头连着人的思想政治素质，另一头连着整个社会环境，对学生的思想政治教育产生影响。

（一）政治制度

政治制度也就是这个政府所代表的是何种阶级，而我国则是人民民主专政的社会主义国家，代表的是广大人民的利益。社会主义国家，是坚持人民当家作主的国家。但人民要更好地当家作主，发挥其主人公的权利，承担其相应的责任，就必须提高其自身文化修养、道德修养、政治修养等，人的全面发展是社会主义的本质要求。但要实现人的全面发展目标不能一蹴而就，盲目推进。我们要在发展社会主义社会物质文明和精神文明的基础上，不断推进人的全面发展。我们现在正处于社会主义初级阶段，更应该重视人的全面发展，将其作为奋斗目标，在不断满足人们现实的物质文化生活需要的同时，也要着眼于促进人们整体素质的提高。

这样的政治制度背景，一方面，有助于人民主人翁意识、责任感的形成，有助于学生形成良好的思想品德，另一方面，社会主义的本质要求促使政府不断加大对思想政治教育的重视程度与投入程度，促进了思想政治教育的发展。

（二）政治体制

政治体制是指一个国家以何种组织制度形式组织国家政权，对思想政治教育的整体方向有着重大的影响。我国实行的是人民代表大会制度，它是我国人民当家作主的根本政治制度，是我国的政治体制。人民代表大会制度是一种民主型的政治体制，在这种体制下，我国人民群众的言论相对自由，有更多的机会表达自身意愿，虽然这在一定程度上为思想政治教育带来一些困扰，但从长远来看，这种体制更能适应人的需求和思想变化发展规律。对思想政治教育来说，这种体制环境更是其发展的"良性土壤"，在这种"土壤"的影响下，思想政治教育必定会迈向更为广阔的空间，获得历史性的发展。

三、文化环境与思想政治教育

众所周知，文化对人的思想和行为有着重大的影响，文化不仅能够反映出现实生活中人们的心理结构，还能通过各种文化传播媒介影响他人，使人与人之间搭建起沟通的桥梁，从而推动整个社会的发展。因此，文化环境是思想政治教育宏观环境的重要组成部分。

（一）文化环境的概念

文化一般是指凡是由人类创造出来，并通过学习为后人传递下去的一切物质和非物质内容，而文化环境则是社会文化系统诸要素的总和。文化又可以分为广义和狭义两个概念，广义的文化囊括了社会生活的各个层面，文化是指任何社会的全部生活方式，没有无文化的社会，甚至没有无文化的个人。狭义的文化则是指人类社会实践活动的精神产物，如"三个代表"重要思想中的先进文化建设。文化环境不仅有工具、器具和物品等表现形式，还表现为社会生活中重要的文化产业和文化产品的发展更新。在现实生活中，文化环境具有鲜明的实体性，如展览馆、博物馆、纪念碑等，这些实体性的文化建筑，更多地承载着一种精神文化的寄托，不仅可以美化市容市貌，还能使人们的身心发展处于一个积极健康的文化环境中，有助于人们陶冶情操，培养心智，教化心灵。

（二）文化环境对思想政治教育影响的特征

1. 文化的人文性

人文性是文化的根本特征。这主要是因为：

第一，文化是由人创造的，人是文化的主体，文化环境是由人对物质与精神的不断创造与积累形成的，文化环境体现并孕育着人类的理想与改造自然的发展能力。

第二，文化在本质上对人进行指向与塑造。文化在发展过程中会逐渐形成特定的文化模式与传统，并通过各种传播途径介入人们的物质和精神文化生活中，对人们的行为方式、价值取向、思维特点等进行潜移默化的影响与改变。学生作为社会群体的组成部分，更是不可避免地受到其所处文化环境的影响。

文化的这种人文性特征体现在社会各个文化层面：首先，世界观、人生观和价值观作为文化核心，是指向人的，人在观察社会、处理各种事务时是以其世界观、人生观和价值观为准则的；其次，文化中的社会风俗习惯、行为方式以及交往规则等对人的思想和行为起着规范和引导作用；最后，文化产品还是教育和感染人的巨大精神力量，要通过合理的引导，充分发挥文化的感染作用。

2. 文化的时代性

无论哪种文化都是某一时代的特定产物，与它所处的时代紧密相关，不可分割，体现出那个时代独有的历史和现实因素。每一个人都处于特定的社会文化环境之中，在其成长发展过程中，思想上会逐渐适应他所属的那个社群传统手把手传下来的那些模式和准则，并且不知不觉地打上了处于其中的文化背景的烙印。思想观念、行为等的形成受制于其所处的那个时代。文化的时代性这一特征反映出文化在那一阶段的意义和作用，强调了文化与其所处时代的相互关系。不同时代文化不同，对思想政治教育的教育理念、内容、形式等都不尽相同。

3. 文化的创造性

文化环境并不是自然而然产生的，而是人在社会实践活动中不断创造和发展的历史产物。在社会生活中，人作为主体，不仅仅只是适应环境，更多的是发挥主观能动性在一定的社会环境要求下改变、创造、发展文化环境中有利于人的成长的因素，将消极的文化环境转化为积极的文化环境，创造出适合人类发展的良好的文化环境。文化的这一特征更多地体现在社区文化、校园文化、家庭文化等微观文化环境中，思想政治教育者可根据当前的教育，营造出有利于学生发展的文化环境，使学生能更好地满足现代社会和现代人思想品德发展的需要。

4. 文化的区域性

由于地理环境、历史背景等的不同，不同地域所处的文化环境是有所不同的，每一种文化都是特定区域文化圈的产物，反映着那个区域所特有的历史和现实因素，与它所处的那个区域文化圈紧密相连。思想政治教育在形成和发展过程中都会不知不觉受制于其所处区域文化环境的影响。

5. 渗透性

文化环境作为社会环境的一部分，已经渗透和影响到人类活动的每一领域和每一方面，参与包括思想政治教育活动在内的每一个人类活动环节，间接地、潜移默化地对人的思想和价值取向以及思想政治教育的内容和方式产生影响。

（三）文化环境对思想政治教育的功能

1. 文化环境对思想政治教育的社会化功能

（1）文化环境促使个体社会化

对于思想政治教育来说，无论是教育者还是受教育者，都是生活在特定文化环境中的个体，在其中学习和掌握文化规范，社会规定的技能、信仰和价值等。社会文化环境潜移默化地影响了个体的价值观念和行为模式，获得并介入特定文化环境的风俗习惯、制度和思维方式，以该文化环境下的行为准则要求自己。但是在这一过程中，个体并不是被动地、消极地接受社会教化，而是积极主动地与他人沟通、联系、交流，通过观察、模仿学习、角色体验和反思进行积极的自我建构，调节自己的行为标准，以符合社会所倡导的习惯、信仰等文化要求。因此，文化环境能促使学生个体社会化，发挥其创造性，主动参与到文化中。

（2）文化环境促使思想政治教育社会化

思想政治教育社会化过程中，文化环境扮演着重要的角色，主要表现为：

第一，思想政治教育的目标和内容是以文化环境中蕴涵的思想道德规范和价值观念为导向的。在思想政治教育过程中，将这种规范与观念内化为了受教育者的行为。这既是教育对象社会化的实现，又体现了思想政治教育与社会文化的相协调。

第二，在思想政治教育社会化过程中，受教育者与教育者积极主动地对思想政治教育的内容进行信息选择后并交流与理解，在共同参与、双向互动的过程中，在社会主导的思想道德规范的基础上对思想政治教育加深了理解，赋予了新的意义，从而拓展了思想政治教育活动的领域，赋予了文化环境新的内涵，促进了思想政治教育的社会化进程。

2. 文化环境对思想政治教育的教育功能

文化环境对思想政治教育的教育功能主要表现在对个体进行礼仪、规范、伦理道德等特定社会内容的教化。文化环境的教育功能直接渗透到思想政治教育过程中，促进思想政治教育目标的实现。

（1）思想政治教育的内容蕴涵在文化环境中

思想政治教育的内容主要有：爱国主义、集体主义、社会主义教育；世界观、人生观、价值观教育；社会公德、职业道德、家庭美德教育等，丰富而又广泛。但无论是哪一方面的教育内容，都是与社会文化环境相一致的，如我国思想政治教育关于社会主义的理想信念、科学的理论等内容的教育。马克思主义发展观告诉我们，要用发展的眼光看问题，学生的思想政治教育内容不是一成不变的，随着文化环境的变化发展，它也在不断为这些内容注入新的内涵，使思想政治教育的内容紧跟时代步伐，具有现实性和时效性。

（2）思想政治教育的方法蕴涵在文化环境中

个体要形成思想道德观念就必须要学习，主要是通过一定的情境，在其中体验教育内容以及与他者进行角色互动，获得知识内容。思想政治教育中，示范教育是一种重要的教育方法，通过树立榜样，一方面尊重了受教育者的主体性，另一方面又将教育者的施教与受教育者的主动学习结合起来。文化环境中常常蕴含着个体学习和他者示范所需的榜样。例如，优秀干部和劳动模范、感动中国人物等，通过发挥他们的示范引导作用，使社会形成良好的道德风尚，营造思想政治教育的良好环境。学习先进模范人物的活动，是社会主义精神文明建设的重要组成部分，要在全社会始终倡导和保持学习先进、争当先进的良好风尚，让先进模范人物的崇高精神发扬光大，代代相传。

四、媒介环境与思想政治教育

媒介环境是由报刊、电视、广播、网络等大众传播媒介构成的外部环境，人们通过这些传播媒介获得各种信息。因此，也可以称为信息环境。信息环境对思想政治教育以及学生思想的形成和发展都有着重大的影响。

加强思想政治教育，必须把对媒介环境的研究重视起来。

（一）引导学生形成新型的、正确的价值观念

媒介环境的形成和发展是建立在一定的经济基础之上的，是上层建筑的一部分，它所呈现的信息必然反映出这个社会的价值形态、精神操守、生活理想和志趣倾向，体现出人们的价值观念。不同的社会和时代表现出的人生追求与价值观念是有所不同的。封建社会实行严格的等级制度，是以权力大小来衡量人的价值的；资本主义社会中，崇尚金钱，以金钱来衡量个人价值；我们社会主义社会要求人们协调个人利益与国家利益、集体利益的关系，不允许用"损人利己"的行为去实现个人的价值，要求处理好个人利益与集体利益的关系，做到既不忽略个人利益，又不损害或者有益于集体利益，协调好各个利益群体之间的关系。在信息化高速发展的现代社会，时间的价值越来越大，时间就是一切，高速度、高效率是当今社会发展的特征，而报纸、电视、广播、网络等各种传播媒介作为宣传社会主义价值观念的代言人，能迅速、及时、有效地向学生宣传思想政治教育，帮助学生及时抵制不良诱惑，改变传统落后观念，树立新型的、正确的价值观念。

（二）有助于提高学生的创新精神

没有创新就没有发展，社会是在创新中不断发展进步的，是以创新为方向和动力的。在批判中创新，在创新中提高。在信息社会中，人们生产知识和信息的量大幅度增加，社会要求人们的智力不断增强，要求知识的生产要向系统化转变，知识和智力成为推动社会发展进步和发展的最大动力。知识的增长是无限的，但对于人来说，人的记忆是有限的，人的记忆提高速度是赶不上知识量的增长速度的。这就要求在思想政治教育过程中，重点培养学生的创新精神，使其具备创新理念，除获取必要的知识外，更要有对待这些知识的正确态度，学生是获取知识的主人，而不是被灌输知识的对象。在信息社会，在周围媒介环境的影响下，传统的以获取知识和技能作为首要教育目标的观念已经不符合时代发展要求，思想政治教育目标应是重点培养学生的创新精神，掌握学习知识的态度和技能，并在这个过程中不断提高创新意识，成为具有全面思想的人，具有创新精神的人，不断更新和完善自己的知识储备，成为社会主义建设的优秀接班人。

（三）有助于培养学生爱国主义、集体主义和社会主义精神

在思想政治教育中，爱国主义、集体主义和社会主义精神的培养是思想政治教育的主旋律，是永恒的主题，社会主义无论发展到何种阶段，都应该重视学生爱国主义、集体主

义和社会主义精神的培养。在媒介环境中，可以通过各种传播媒介，使学生更直观、更具体、更丰富地感受到反映爱国主义、集体主义和社会主义精神的艺术形象，为我们伟大的社会主义国家而自豪，从而自觉增强历史责任感和时代紧迫感，更加热爱我们的社会主义祖国，为社会主义建设发光发热。

第二节　思想政治教育微观环境

一、家庭环境与思想政治教育

（一）家庭环境的特点

首先，家庭教育影响具有先主性。它指的是家庭教育影响在一个人的成长过程中起着某种先入为主的定势作用，奠定其接受教育的基础。家庭影响在学生的生活习惯、语言发展、行为模式、最初的道德观念、性格态度的发展上，表现出显而易见的铭刻性，这种铭刻性的品质给他们终身发展打下了不易改变的印记。

其次，家庭对子女的控制方式具有多维性。它主要是通过情感的影响和经济的制约来实现的，具有特殊的亲切感和依赖性，并使子女和双亲的联系成为利益一致、休戚与共的依赖关系，在教育子女方面具有较大的优越性和权威性。

又次，家庭群体中交往接触的密切性。这种接触一般属于正式的和高频度的，可使子女在轻松自然、不受拘束的状态下接受影响，因此，大大增强了家庭教育影响的效果。

再次，家庭群体中教育和生活的统一性。家庭教育作为一个过程，是与家庭生活合而为一、联于一体的。学生生在家庭、长在家庭，与家庭成员朝夕相处、休戚与共，家庭生活的各个侧面都影响着他们的身心发展，也都包含着教育的作用，而教育子女，又成为家庭生活中经常性的活动。

家庭教育不是通常意义上的那种正规的、有着严密计划性和系统性的教育，它与家庭生活各方面交叉渗透，随着家庭生活的变化和受教育者发展的现状不断地变换着形式和内容。家庭中教育和生活的这种统一性，决定了家庭中教育的因素不仅仅局限于家长的教育能力以及意识到的教育方法和教养态度，家庭的其他因素，如家庭自然结构、双亲职业、社会地位、物质条件、期望水平、家庭气氛、生活习惯、志趣爱好等，也同样有力地影响着年青一代的身心发展，起着直接或间接的教育作用，最终形成其相应的个性、态度和品行。由于家庭教育和家庭生活的统一性，家庭的教育影响才永远带有连续性和潜移默化的性质。

最后，父母对子女了解和影响的深刻性。"知子莫若父，知女莫若母"，正是如此，与子女朝夕相处的父母就可以通过子女的一举一动和言谈去把握他们思想活动的脉络，在教育中可以因势利导，因时施教，具有很强的针对性。

（二）家庭环境的构成因素

1. 家庭的自然结构

家庭自然结构是指家庭诸分子（即家庭成员）不同的层次和序列的结合。家庭自然结构包括家庭有哪些成员、成员有多少、家庭成员的辈分、家庭成员是否齐全和家庭的规模大小，等等。家庭自然结构的形式，一般分为单亲家庭、核心家庭、主干家庭和联合家庭等。在我国现阶段，核心家庭和主干家庭占大多数。

核心家庭，即父母双全，由一个或几个子女构成的家庭。这种家庭在我国城镇约占70%，其特点是人口数量少，成员层次少（即辈分数少），家庭成员之间关系密切，父母对子女实施教育比较顺利，一般不受外界干扰，子女的身心发展状况、前途、命运，直接关系到父母的切身利益，父母是子女的教育者，他们必须对学生的管理和教育全面负责，有较强的教育自觉性和迫切性。但是，这种结构的家庭，对子女的教育影响也有不利的一面，父母大多是双职工，家长和学生接触机会少，有时难以了解学生的全面情况，也难以把握子女的行动和行动的范围，容易放任自流，受到社会上的不良影响。

主干家庭是由祖父母、父母和子女三代人构成的家庭，家庭成员的层次较多，人口数量多，规模较大。祖父母可以协助父母照顾、管理、教育第三代，生活上的照顾和管理也比较周到。老年人一般比较耐心、细心，能细致地体察学生的心情，对学生的教育做得更深入细致。主干家庭人口多，人际关系复杂一些，家庭生活内容较丰富，有利于锻炼学生处理复杂社会生活的能力。但是，由于家庭成员的层次较多，年龄差距比较大，经历不同，思想观念不同，教育学生容易出现不一致的现象，有时让学生无所适应，父母与老人的要求不统一，学生易形成两面性的性格，这对学生的成长是不利的。

家庭自然结构在其完整性上，可划分为常态家庭和非常态家庭。常态家庭是指父、母、子女三全的家庭。非常态家庭包括三种情况：一是指父、母双亲离婚的离异家庭；二是指父、母或其中一方由于疾病、自然灾害等原因过早去世的缺损家庭；三是指有继父（母）及收养关系的家庭。对于生活在非常态家庭的子女来说，非常态家庭的自然结构则可能成为他们学习、成长的精神负担。大量的调查资料显示，离异和缺损家庭的子女，在学习和品行上大多呈现两极倾向，即要么相当优秀，要么相当差劣。

2．家庭的经济状况及生活消费

就目前我国的现状来说，绝大多数家庭的经济状况，都可满足其子女正常地接受教育、从事学习的一般需求。但是，家庭生活的消费方式却对学生的思想意识、价值观念有很大的影响。有一部分家长在生活消费上的态度带有二重性，对自己省吃俭用，对子女却尽力满足。

家庭生活的消费方式对学生全面思想的形成与发展有很大的影响。家庭生活中的不适当消费，给学生的思想带来种种危害。因此，家长在生活消费过程中应注意对子女的思想政治教育。学校也应在实施思想政治教育中，提高和端正他们对生活消费的各种不正确的认识，进行生活消费指导教育。

3．家庭文化

（1）家长的职业及其文化程度

家长的职业差别，是家庭教育影响的一个客观指标。由于职业的不同，带来了不同生活、工作方式，同时也形成了不同的家庭环境、家庭学习条件、学习气氛，在子女的指导能力及教育的自觉程度和教育方式上均存在差别，这种差异都会影响到子女的学习成绩和全面发展。研究资料表明，家长的职业活动可以产生特殊的定势作用，它对家庭成员感知社会信息的类别有影响。值得注意的是，知识分子的职业类别，在教育子女问题上有着特别有利的条件，如家长本身接受较多的学校教育，学习和工作融为一体，文化上的优势，等等，这就使得其子女在学习上往往能取得较好的成绩，从而也影响到他们的全面发展。

家长的文化程度，是以家长所接受的学校教育水平为指标的，在很大程度上决定着整个家庭的文化思想，也是影响子女学习成绩、品德面貌及抱负水平的主要因素之一。有调查结果表明：高等文化程度的父母其子女的学习成绩与品德表现优于中等文化程度父母的子女，中等文化程度父母的子女又优于低等文化程度父母的子女。由于家长文化水平的差异，对子女的关心、指导及教育方式方法的不同，带来了家庭文化生活、学习气氛及品德修养等方面的差别。

（2）家庭气氛

家庭气氛是家庭成员的职业、经济、性格、文化教养以及彼此间感情关系的综合产物。家庭气氛是无形的，但对家庭成员的影响却是深刻的。

家庭是人类爱情的产物。家庭成员间相亲相爱，家庭气氛会温暖和睦；相反，家庭成员间感情隔阂，家庭气氛则必定冷漠无情。因此，家长要不断提高自己的文化水平和思想修养，努力创设良好的家庭气氛，使学生在良好的家庭氛围中形成讲礼貌、爱劳动、守纪律、爱集体、热情、活泼、勇敢、正直、社会适应性强的健康人格。

（3）父母对子女的期望

期望是作为产生个体行为动机的决定因素而起作用的。父母的期望会促使子女产生强烈的成就动机。期望又是一种心理定势，父母对子女的期望使得子女要求上进的动机保持在一定的水平上，从而影响其学习和其他行为。家长对子女的期望常产生一种强化作用，让子女深刻地感受到家长的关切和信赖，于是产生较持久的学习努力。子女将自己与家长所期望的形象对比来调整学习与行为，从而影响到他们的学习成绩和全面发展，同时子女的学习成绩和思想的现状，也可反过来作为原因调节家长对子女的期望水平。

4. 家风

"家风"是指一个家庭在世代繁衍过程中，通过言传身教，逐渐形成的较为稳定的传统习惯、行为规范、处世之道和生活作风等，主要指的是一个家庭的思想意识方面的传统。"家风"不是人的生物性遗传形成的，而是通过有形或无形的家庭教育传统保持、流传下来的。

"家风"形成以后，不仅对当代的家庭成员有深刻影响，也会继续影响下一代人，往往世代相传，成为一种顽强的、稳定的习惯势力，其影响相当深远。我们常说的"诗礼传家""家学渊源"就是这个意思。

"家风"对于子孙后代的影响是无形的，子孙后代接受这种影响是无意识的，是"潜移默化、自然似之"。而一个家庭的"家风"主要反映家长的作风或风格。"家风"的形成，需要家庭所有成员的共同努力，但主要责任者是家长。因此，努力培养和形成良好的"家风"，给子女创造一个良好的生活环境，也是家庭教育成功的重要保证。

（三）良好家庭环境的创建

1. 父母的表率作用

父母是子女的第一任教师，要优化家庭环境，首先要从父母的表率做起。父母对子女所负的责任是多方面的，不仅要保证子女身体的健康、安全和正常发育，还要传授科学知识、生活知识、发展智力，培养他们适应社会生活的各种能力，进行思想品德教育，培养高尚的审美情趣，进行多方面的教育和训练。在子女教育过程中，父母起着主导作用。在日常生活中，父母必须严于律己、以身作则、"师之以范"，以其身教代替言教，运用榜样的力量强化父母的威信，使子女从内心迸发出强大的道德力量，这有助于学生良好思想品德和行为习惯的形成。

2. 家庭和睦

良好的家教必然出自和睦的家庭环境，家庭和睦是学生健康成长所必需的生活环境。我国古代特别重视"治家""齐家"，目的就是管理好家庭事务，处理好家庭关系，创造一个理想的家庭生活环境，使家庭成员受到熏陶、感染。我国教育家认为，要搞好家庭教育，必须首先把整个家庭治理好。家庭教育的担子，不但在做父母的身上。做父母的想教成一个小学生先要把一家子的弟兄姊妲人人都劝好教好，完完全全做成个好家庭的样子，小孩才会好的。要使家庭幸福和睦，首先要处理好家庭内的人际关系，夫妻的感情融洽，长辈和晚辈、双亲和儿女之间应有一定的礼节，相互信任和尊重，养成互相学习、互相帮助、互相鼓励、互相理解的良好家风。

3. 注意家教艺术

家庭环境的优化，需要父母有一定的家教艺术，因为父母自身的良好内涵只有通过正确的教育方式才能形成和谐统一的力量有效地影响子女。家教艺术可归纳为爱要得法、教要及时、严要得体。父母爱子女，这是人的天性。爱子女是教育子女的前提和基础，可以产生变父母的要求为学生行动的推动力量。然而，爱要得法，不是怎样的爱都有积极作用的。父母对子女的爱是其他任何人的爱都不能比拟的，虽然父母都特别爱自己的子女，但不见得都能教育好子女。如果父母的爱过了分，失去理智的调节，甚至成为溺爱，这不是真正的爱。

此外，对学生的严格要求必须建立在民主平等和尊重的基础上，不应强加父母的意志、滥用父母的权威。当学生犯错误时，要耐心帮助分析、认识错误，使其感到自责和内疚，而不能伤害其自尊心和自信心。

4. 合理安排家庭经济

家庭经济状况是家庭环境优化的重要物质条件之一。随着我国人民的家庭经济条件日益好转，收入逐步增多，生活水平大大提高，这可以成为教育子女的有利因素。然而任何事物都不是绝对的，物质生活条件是影响家庭教育实施和效果的一个重要因素，但并不是决定性因素。家庭经济条件的好坏，对子女的教育而言，关键在于家长是如何对待、使用和安排。如果适当加强学生营养，在开发学生智力上多花点钱，创造一些必要条件，这是应该的。如果家长对于较为优越的物质条件陷入盲目性，不能科学地安排并合理地使用，给学生提供过于优裕的生活，则会造成不良后果。家庭经济如何支配，对子女教育也有一定的影响。首先，家长管理家庭经济生活要有计划性。如果家长能做到从实际出发、精打细算、勤俭持家，这对子女是一种很好的教育。其次，要让子女参加家庭经济管理，在其过程中，培养参与的意识，从中学会管理与支配家庭生活，养成勤俭持家、艰苦奋斗的良好思想品质和行为习惯。

二、学校环境与思想政治教育

（一）学校的物质环境

1. 校园的物质设施

校园的物质设施属于校园文化的物质文化范畴，主要指学校里的教学设施、生活设施。如校舍、运动场地、建筑物及其他附属设施。再详细地划分，如教室、实验室、办公室、图书馆、运动场、宿舍及它们的内部设施，校园绿化，道路等其他环境设施，以及校办工厂、农场，等等。这些以物质形态存在的文化设施，既是校园教学活动的场所和设备，又体现学校独有的文化特征。校园的物质设施，不同于工厂、农场、街道、机关，它以其独特的风格和文化内涵，影响着师生的观念、行为。学校的物质设施对学生的影响主要表现在两个方面：

一是求知欲望的激励。学校建筑及室内外的布置都应与教育目的相配合，体现教育意识，激励学生的求知欲望。学校的教室、教研室、办公室、实验室、会议室、报告厅等是日常教育活动正常进行的保证，在这些场所悬挂科学家、学者、名人、政治家以及英雄模范人物的画像，悬挂他们的生平简介及名言警句，能够发挥启迪学生的智慧、激发学生的求知欲望和引导学生去正确理解人生的重要作用。

二是优良品质的陶冶。学校、家乡、祖国，由小及大，连接成一体。学校建筑及其各项物质设施，无论是古老的、普通的，还是现代的，都是现实的反映。传统的建筑意味着祖国发展的历史，可鼓励学生奋斗、进取；现代的建筑有助于学生开阔眼界，想象未来。此外，宁静的地理位置，精巧的校园布局，雅致的装饰，整洁的地面，小桥流水，假山喷泉，鲜花林荫等，校园环境的优化、绿化、美化、园林化，能够给学生以美好的意境，置身于美的校园环境之中，自然会生发留恋校园、乐于学习生活的缕缕情丝，同时必然也会培育高尚的道德情感，形成全面发展的核心思想。

2. 校园物质环境的美化

学校的物质环境对学生身心思想的全面发展具有熏陶功能、凝聚功能和导向功能。它具有一种耳濡目染、潜移默化的熏染陶冶作用，学生会为自己学习生活的物质环境而感到自豪，同心协力为校争光，时时处处维护和提高学校声誉，这样他就必须修养自己的品性，完善自己的人格。

美化了的校园物质环境总是以整体的风貌构成某种喻义的符号，无声地、长期地辐射出学校倡导的思想、风范和审美准则。经常学习与生活在这种环境下的学生，总会随着岁月的流逝无意地或多或少地接纳某种教育、影响和同化。因此，我们必须积极地美化校园环境，使校园的每个角落都充满优美、艺术、文明、道德的气氛，都富于教育意义，使人一进学校，就有一种清新、幽雅、秩序井然的感觉。在美化校园环境的过程中，学校要有意识地让学生参与其中，在创造美的过程中，热情被激发，聪明才智得以发挥，优良品质得以培养，全面发展的思想得以形成，这是学校促进学生成长的重要途径。

（二）学校的精神环境

1. 校风的要素

（1）校园秩序

校风的校园秩序因素，是指校容、校貌、校纪及学校师生的生活秩序和学校的教育教学活动秩序。优良的校园秩序既表现在学校每一处空间的整洁、优美上，也表现在时间上。学校一日、一周、一学期里各项活动的稳定、有序，师生严明、自觉的纪律性则是校园秩序的核心内容。校园秩序是校风的显性指标，给人以强烈的"第一印象"。脏、乱、差是人们所概括的负效应的校园秩序。正效应的校园秩序又以是否完全做到整洁、有序、严谨划分为两级或三级水平。对校园秩序的了解，不能停留在校舍、设备等硬件上。简陋的硬件，也可能包含高水平的整洁、有序和严明的纪律性。

（2）学校成员稳定的行为倾向

校风的学校成员共同具有的、稳定的行为倾向因素，是指在任何情况下，无论有监督、检查或没有监督、检查，学校成员的言语、行动、仪容、举止、行为习惯等方面的共同特征。言行粗俗、狂躁、混乱无序，即人们常说的缺乏教养，同文明、礼貌、井然有序是截然相反的两种行为倾向，表现在学校日常生活中，就是两种不同的校风。

（3）学校成员的相互关系

校风的学校成员相互关系因素是指学校里人际关系是否团结一致、亲密、和谐、顺畅，以及全体成员的主人翁意识和集体荣誉感。团结包括相互间的了解和认同，工作上的合作与配合一致。和谐则进一步含有情感因素、相互间的友情和亲近感。全体成员的主人翁意识和集体荣誉感，表现为学校领导提出的计划目标内化为全体成员的自觉需要，集体主义的自觉行动比顺从和拒绝的反应占有优势。人们对自己在学校中的地位和相互关系感到满意，就会主动参与集体事务，献计献策，自觉维护集体的利益和荣誉。学校成员的相互关系既是建设校风的前提，本身也是校风的有机组成部分。同校风的校园秩序、行为倾向因素相比，校风的人际关系因素是相对比较隐性的因素，但是决非不可捉摸、不可测量。实际上，学校中的人际关系气氛是最有影响力的心理环境。依据国外学者的研究，人们有50%的劳动时间是用来查明相互关系或消耗在产生冲突后的体验上的。一所人际关系紧张、内耗严重、冲突习见的学校，是不可能形成良好校风的。良好校风在成员相互关系上也可表现为不同水平。

（4）学校成员的精神面貌

学校成员的精神面貌因素也是校风中比较隐性的因素，它是学校成员的政治思想水平、精神状态、视野、气质、风度等方面的综合反映。精神面貌是形成校风的动力因素，是学校整体思想最深刻的表现。学校成员的政治思想水平反映学校思想政治工作、德育工作的效果。学校里具有浓厚的政治氛围和要求进步的风尚，是非明确，正气高扬，是一种水平。讲政治要内化为个人的自觉行为，逐步树立科学的世界观、人生观、价值观、道德观，则是更高一级水平。人们的精神状态，是指在工作、学习和生活中，是满足现状、得过且过，还是精益求精、力争上游，即不同的抱负水平，人们对科学文化的态度及追求的程度就不同。学校成员的精神面貌还包括他们的视野和胸怀。"胸怀祖国，放眼世界"，就是学校成员的一种视野和胸怀；教育的"三个面向"，即面向现代化、面向世界、面向未来，更是一种视野和胸怀。因此，形势教育的经常化、制度化，学生关心和了解国家大事、世界大事，有助于他们改变精神面貌，树立远大的理想和情操。

因此，校风虽然是以观念形态存在着，属于上层建筑的范畴，但它并不是不可捉摸的东西，它是客观存在的，有其具体的有实在内容的构成要素。它不是一所学校某一个方面工作的反映，而是学校各项工作的综合反映和整体效应，是学校整体思想及其外在的表现形式。它刻画出了学校的具体形象，以此形象的各个侧面——校风的构成要素，家长和社会来具体评判一所学校的质量。构成校风诸方面因素的发展状况如何，也决定了受其影响的学生的整体思想如何。

2. 校风的功能

第一，优良的校风是学校实施思想政治教育的基础和环境条件。

首先，校风建设是学校实施思想政治教育的突破口，也是学校实施思想政治教育的环境条件。实施思想政治教育不能以机构和人员的增多为主要标志，也不等于活动的增多。实施思想政治教育既需要有形的教育活动，更需要贯穿到各科教学中去；既需要通过语言的教育方式，也需要无声的潜移默化的影响。校风作为思想政治教育的环境，它有利于控制情绪、抑制行为、陶冶情操、美化心灵，甚至启迪人的智慧。可见，校风建设虽然不是思想政治教育工作的全部内容，但它非常直接、明显、深刻地影响着学生思想的形成。因此，校风建设作为实施思想政治教育的突破口，可以使思想政治教育工作由表及里、由浅入深，看得见、摸得着，同时又为实施思想政治教育创造了优化的环境。校风潜在地蕴含着一种价值取向、行为模式、精神风貌，无形地规范、制约着受教育者的心理与行为，对学生的心理与行为起着调节作用。

其次，校风建设抓住了思想政治教育主客体间矛盾的同一关系，较好地体现了思想政治教育的整体性。教育的本质，是一种精神影响活动。影响的一方是主体，接受影响的一方是客体。成功的教育，既是主体影响客体的过程，又是客体接受主体影响的过程。主体被客体接受的程度决定了主体影响客体的程度和教育的成败。因此，在思想政治教育所给定的这种主客体影响关系中，主客体教育理念和教育实践的矛盾是同一的。校风建设把思想政治教育的内涵扩展到教育的全过程和所有参与因素：领导、教师、员工、学生及校园环境。在向受教育者提出思想要求的同时，也向教育者提出了思想要求。这不仅抓住了思想政治教育过程的主客双方，也抓住了思想政治教育双方矛盾的同一关系，体现了思想政治教育本质所给予主客体的平等，体现了思想政治教育的民主化，体现了思想政治教育的整体性。

再次，校风建设体现了思想政治教育的针对性和主体实践特点。校风建设对学校所有成员提出了要求，这些都是符合各类人员的活动类型和方式的。它抓住了每类人员基本的现实活动，无论是施教还是受教都在一定的现实活动中展开，这样就使学校思想政治教育不是超然物外，而是寓于所有人员的实践之中，寓于实践主体的积极活动之中。

最后，校风建设开拓了思想政治教育的广阔天地，使思想政治教育既富有现实具体性又富有无限延展性。校风建设打破了思想政治教育同其他工作的隔阂，消除了思想政治教育孤立无助的现象，使学校的全部实践活动都具有了思想政治教育意义。在思考、考察学校所有人员的所有工作时，都不能不关注这些工作所实现的思想政治教育价值，每个成员的责任心、纪律性、言谈举止等都具有了思想政治教育意义，体现了学校中没有不育人的岗、没有不育人的工作这一基本规律。这时的思想政治教育工作，就已经不仅仅局限于课堂、讲座和专门演示，而是扩展到了一个无限广阔的领域。实施思想政治教育体现了现实具体性。与此同时，校风建设所包含的内容又是极为丰富的，具有精神价值的无限延展性。学校师生员工在各自的工作岗位上，按特定的价值目标付出努力，总会获得相应的教育价值。但是，即使在一件"微乎其微"的活动中，能够实现的教育价值和为人提供的实践创造的可能性，又是无限丰富的。此外，校风建设在统一的目标下，为每个具体的学校，为每个小集体和个人，提供了丰富的选择余地和实现个性特点的可能，使学校的思想政治教育既有统一的精髓，同时又具有无限的多样性和生动性。

第二，优良的校风是一所学校完成各项任务，培养德、智、体、美、劳全面发展人才的可靠保证。

三、社区环境与思想政治教育

（一）社区的含义

社区是一个社会学概念，是现代社会学中一个通用的范畴。社区是指若干社会群体（家庭、氏族）或社会组织（机关、团体）聚集在某一地域里，形成的在生活上相互关联的大集体。一般的社区，作为一个社会实体，通常具有以下特征：

第一，以一定的社会生产关系为纽带组织起来的、进行共同生活的人群。至于人口的多少，并无一定的要求和规定。

第二，人群赖以从事社会实践活动的、有一定界限的地域。其面积的大小没有一定的标准。

第三，一套相互配合的、适应社区生活的制度和相应的管理机构。如风俗、规章制度、社区教育等。

第四，一套相对完备的生活服务设施。

第五，基于一定的经济、社会发展水平和历史文化传统的社区文化、生活方式，以及与之相应的社区成员对所属社区在情感上和心理上的认同感和归属感，即对该社区的地方或乡土观念。

第六，形成了具有一定特点的行为规范和生活方式。

一般说来，每个社区都应具备以上六个方面的特征。但是，由于人类在其历史发展长河中的不断变化，特别是由于现代城市的兴起，使得社区在结构上显得纷繁复杂，在类型上呈现出千姿百态，在地域上变得大小不一。判定一个相对独立的社区的存在，特别要注意社区成员间的相互关系的特点，包括社区成员间彼此交往的频率、范围，以及社会心理（情感、意向）和价值倾向等方面的特点和一致性程度。因为，社区特有的文化、生活方式和社区成员对社区的认同感，既是社区成员在一定地域范围内共同参与社会生活所形成的结果，又是将社区成员凝结为一体的黏合剂和纽带，对促进社会团结具有重要的意义。

一般说来，一切社会实践活动都在一定的具体的社区内进行，社会普遍存在的一些现象都可以在某一社区内反映出来。社区是社会活动的场所，社会学家可以从这里观察到千变万化的社会现象，倾听到生活浪潮发出的细微呼声。而教育工作者可以从这里观察到学生发生变化的蛛丝马迹，可以倾听到社会对教育的要求与呼声。

社区环境具有思想政治教育的特点与功能，全面实施思想政治教育必须依靠社区环境，尤其是社区的文化环境，它对学生的思想形成与发展具有潜移默化的决定性意义。

（二）社区环境的思想政治教育特点

1. 内容的具体性

社区内各种环境因素对青年学生的影响具有生动形象、具体可感的特点，最容易为学生所接受，成为他们成长的真正的"水""空气""土壤"和"阳光"。在社区环境内，师生们能够在五光十色的市场经济的大潮中，将思想政治教育的具体内容同社会生活实践的脉搏紧紧地连在一起，将理想、信念、价值观、道德修养具体化、形象化，能使学生在社会生活的具体实践过程中，验证所学的理论知识，缩短学生心目中"理想王国"与"现实王国"认识上的反差。社区环境能把抽象的思想政治教育同社会实践相结合，有助于学生把学到的知识、技能应用于实践，形成全面发展的思想，进而成长为社会主义事业的建设者和接班人。

2. 时空的广阔性

社会生活实践提供给学生的空间。将社区环境纳入思想政治教育环境的范畴，学生们在五彩缤纷的世界里，时间、空间都延伸了，视野更加开阔了。教育者可充分利用社区广阔的时空条件，借助社区的力量，组织学生进行社会调查、劳动实践、参观学习、社会服务等，置身于广阔天地的学生可以对千姿百态的社会现象进行鉴别、筛选、判断、取舍，并潜移默化地受到教育、影响和熏陶。

3. 资源的丰富性

社区地域广大，各种社会实践条件广泛，各种人才应有尽有，蕴藏着丰富的思想政治教育资源。社区政治、经济、文化、教育、科技状况构成了学生赖以生存和成长的社会"土壤"。来自各行各业的思想政治教育因素为学校实施思想政治教育提供了雄厚的智力资源；富有特色的社会实践是广阔的思想政治教育基地；富有传统特色的历史遗迹、文物景观等是丰富的思想政治教育文化资源。深入挖掘，合理统筹，把潜在的教育资源转化为现实的思想政治教育资源，这是我们研究社区环境的思想政治教育特点所面临的重要课题。

4. 结果的实效性

社区环境内思想政治教育内容的具体性、时空的广阔性、资源的丰富性、影响的综合性，这是潜在的社区思想政治教育优势。而我们把社区环境与实施思想政治教育统筹起来，坚持社区协调下的学校、家庭、社会三位一体的思想政治教育，形成思想政治教育合力，即可把潜在的社区思想政治教育优势转化为现实的思想政治教育优势，真正塑造学生的全面发展思想，即可克服思想政治教育过程中的各种不利因素，大大增强思想政治教育活动实施的实效性。

（三）社区环境的思想政治教育功能

1. 塑造功能

建立社区环境的运行机制、充分利用社区资源对学生进行塑造，是社区环境思想政治教育功能的集中表现。社区环境内有丰富的思想政治教育资源，无论何等规模的社区，都由社区的六种要素构成，它们都可构成对学校实施思想政治教育产生影响的环境因素。社区首先是一定地域的人群和集体的构成物，在这些人群和集体中，可以说是能人巧匠应有尽有，无论是学生家长，还是社区居民，可以说是五行八作无所不包。这里有市区领导、离退休干部、退役军人、改革家、经理、科技与教育工作者、文体工作者、普通工人等等，尽管他们未必都有高深的理论，但他们都有非常丰富的经验。他们能从各自不同的角度，无论从社会政治、文化生活，还是从人生历程，都可以为学生提供极其丰富的营养，使其耳目一新，达到学校教育所不能代替的塑造功效。另外，社区环境内还具有独具特色的社会实践基地。每个社区都有大量的工矿企业、事业单位、各种文化设施，对于那些认识高、条件好、富有教育因素的单位可首先定为社会实践基地。社会实践活动可以缩短学生对社会的认识过程。实践基地是对青年学生进行思想政治教育的重要阵地，是青年学生向社会实践学习的课堂。最后，社区都有传统的教育因素，一个社区就是一个小社会，每一个小社会都具有源远流长、富于传统的历史遗迹、文物景观等，要深入开掘和充分利用社区内这些优秀资源，努力塑造学生全面发展的思想。

2. 陶冶功能

社区环境不仅蕴藏着丰富的思想政治教育资源，而且具有广泛的思想政治教育影响力。在社区环境中，社区文化的影响尤为突出。人创造了文化，文化又塑造了人。社区将"校园文化""街道文化""企业文化""家庭文化"等融为一体，形成社区文化。它不仅促进了社区精神文明建设，而且直接影响着青年学生的健康发展。陶冶是通过创设和利用有教育意义的情景，对学生施以潜移默化的影响，使其耳濡目染，心灵受到感化，从而形成良好品德的方法。它是对青年学生实施思想政治教育的隐形课堂、隐形课程，不管人们是否认识，它都以自己特有的规律性释放能量，产生"随风潜入夜、润物细无声"的效果，而且这种影响作用必将在广度和深度上日趋明显地展现出来。要充分发挥社区环境对学生思想的陶冶功能，一方面通过社区组织各种有益的文化活动，以达到寓教于乐的效果；另一方面对那些滋生消极腐蚀作用的文化垃圾，要协同有关部门予以清理和取缔。

3. 管理功能

学校对学生业余生活的管理受到一定的限制，有些问题鞭长莫及。社区是学生校外活动、成长发育的环境，社区对这些自然常态下的学生及其家长，都有深入的了解，而且彼此之间存在着一种时空上的特殊的人际关系，加之社区居民中也有许多具有不同风格的思想政治教育的热心人，无疑，这些都是社区参与管理的重要条件。社区参与思想政治教育管理，一是通常的管理行为；二是具体的管理行为，如学生操行评定的管理等。现阶段要深化社区环境的管理职能，要从单一式管理向协调与行政指令相结合的方式转化，从拓宽区、街、居委会（村委会）的职能上强化，这样才能使社区环境中的思想政治教育管理功能最大限度地发挥作用。

4. 保护功能

建立整体的防范、保护网络，维护青年学生的合法权益是社区环境的思想政治教育保护功能的具体体现。保护功能表现在两个方面，一是防范，二是保护。防范是指社区各有关部门在贯彻、执行有关法律、法规过程中，教育青年学生遵纪守法，并对各种犯罪隐患采取有力措施予以防范。保护是指社区各有关部门用法律手段维护青年学生的合法权益，教育青年学生用法律手段维护自身合法权益。优化社区环境，对危害青年学生身心健康的行为（流氓滋扰、文化污染）予以清理。随着社区环境日益受到实施思想政治教育的重视，无论是从保护的范围上、保护队伍的组织上、保护网络的构建上，还是保护渠道的畅通上，都亟待深入探讨，使保护功能发挥更大的作用。

5. 监督功能

社区环境下三位一体的管理体制，是从单一的"条条"管理向"条条"与"块块"相结合的管理体制过渡的一种尝试。社区内的社区委员会组织本区人大代表对所属学校的思想政治教育工作进行定期或不定期的检查、评估、监督，这就是社区环境的思想政治教育监督功能。监督的依据是党和政府的有关政策及党的教育方针，监督的重点是端正办学指导思想，培养什么人的根本问题。社区环境的思想政治教育监督体制的建立，为端正办学指导思想、加强思想政治教育工作，产生明确的导向作用，为实施思想政治教育增添了活力，增强了动力。

四、人际环境与思想政治教育

（一）人际关系在思想政治教育中的意义

人际关系是学校全面实施思想政治教育的一个重要环境。人际关系，是指在共同的活动过程中，可以直接观察到的人与人之间的关系，或称心理上的距离。两个人之间的关系可能是亲密的、疏远的、敌对的，这些都是心理上的距离，统称为人际关系。人际交往是人们为了彼此传达思想、交换意见、表达情感和需要等目的，运用语言符号而实现的沟通。人际关系是在人们交往中表现为内部的、本质的特征；人际交往则是它们的表现形式和方法。不同的人际关系会引起不同的情绪体验。人与人之间心理上的距离越接近，则双方越会感到心情舒畅，无所不谈。

在学校中存在着各种各样的人际关系。如，校长与学校各个组织间的关系，各个组织彼此之间的关系，各组织内部成员之间的关系，各个成员与组织间的关系，等等。这些关系有上下级、领导与被领导、管理者与被管理者、教育者与受教育者之间的关系，有同级间、领导与领导、部门与部门、教师与教师、学生与学生之间的关系。因此，它是一种较为复杂、涉及面较广的人际关系系统。这些关系的好坏，不仅能够影响全体人员的工作、学习和生活，影响到整个学校教育职能和组织效能的发挥，最终还影响到全面实施思想政治教育，影响到培养人才的全面发展的思想。

人际关系在实施思想政治教育中的意义是由其心理机制的形成与发展规律所决定的。人际关系是社会关系的一个侧面，其外延很广，包括朋友关系、夫妻关系、亲子关系、同学关系、师生关系、同志关系，等等。它受社会生产关系的决定和制约，是社会关系中较低层次的关系。同时，它又渗透在社会关系的各个方面之中，是社会关系的"横断片"，因而，又反过来影响社会关系。它对群体内聚力的形成、心理环境的好坏有直接的重要作用，是直接影响个人身心思想形成与发展的微观环境。人际关系包含三种成分：一是认知成分，反映个体对人际关系状况的了解，是人际知觉的结果，是生理条件；二是情感成分，是关系双方在情感上满意的程度和亲疏关系，是人际关系的基础；三是行为成分，是双方实际交往的外在表现和结果。

影响人际关系的因素是多方面的。主观因素有：价值观的一致性；个人的性格、气质、能力等心理因素；彼此间的相似程度，一般情况下越相似越容易吸引，形成密切的关系；彼此在需求上的共同性或互补性，越能取长补短的越容易形成良好的关系。客观因素有：空间距离的远近，一般情况下距离越近越容易结成亲密关系；交往的次数，一般情况下交往次数越多越能增进关系的形成和发展。

人际关系的活动中介理论说明，在任何现实的发展群体中，人际关系都以这个群体的有社会意义的活动内容、目的和任务为中介。群体在通过具体活动对象实现自己的目的时改变自己、完善自己的结构和内部关系，而改变的性质和方向则取决于它们的活动内容和共同活动的社会价值。

人际关系的心理机制及其理论启示我们：人际关系是学校实施思想政治教育的重要条件和影响学生全面发展的思想形成与发展的重要环境。

首先，和谐的人际关系是集体形成和发展的基础。人际关系性质反映出集体的质量，如果一个学校领导与教师、教师与教师、教师与学生、学生与学生之间的人际关系和谐，那么，这所学校就一定是一个优秀的教育集体。反之，人际关系紧张，矛盾重重，危机四伏，势必破坏团结与协作，没有统一的目标与追求，学校集体就失去了建立和发展的基础。因此，要建立良好的教育集体，就必须首先建立起和谐的人际关系。

其次，良好的人际关系是调动群体成员积极性的重要条件。教育集体中的人际关系和谐，领导与教师之间、教师与教师之间、师生之间、同学之间心理上的距离越近，则双方都会感到心情舒畅，这种积极的情绪情感体验，就能转化为努力向上和实现集体目标的内部动力，激起教育者和受教育者在集体活动中的积极性与创造性，提高教育的效率。

再次，良好的人际关系是群体成员身心健康的重要保证。人际关系对人的身心健康与思想发展具有重大影响。只有生活在一个相互信任、相互关心的集体里，群体成员才会感到温暖，身心才有可能得到健康发展。如果人与人之间经常发生矛盾与冲突，心理上距离大，就会感到心情抑郁、孤立、忧伤，从而影响个人的身心健康，严重的还会导致心理疾病。

学生思想形成与发展的规律揭示了人际关系的思想政治教育意义。学生的全面发展的思想是在社会总体环境（社会政治、经济生活）制约下，通过他们所处的具体生活环境影响而形成和发展的。学生具体生活的环境，即是家庭、社区、学校生活环境。学生在这些环境中结成了各种直接的人际关系（如家庭关系、师生关系、伙伴关系等）。人际关系是以活动和交往为中介，通过活动与交往把主观世界与客观世界联系起来。因此，一定的社会活动和交往，既是人的全面发展思想形成的条件、因素和依附的客体，又是教师把社会所要求的思想政治教育规范传导给学生的桥梁、纽带，是思想政治教育的手段及表现形式。学生的全面发展思想是在人际关系的活动与交往中形成，同时又在活动与交往中表现出来。没有教育活动与交往，思想政治教育规范就不可能实现它的教育作用，也不可能转化为学生的全面发展的思想。

（二）教师群体

1. 教师与教师关系的特点

我国的广大教师，有共同的奋斗目标和完全一致的利益，这是我国教师之间新型关系的基本特征。这种目标和利益的一致性，主要表现在以下方面：

第一，广大教师一致努力坚持马克思主义的立场、观点和方法，特别注重学习"三个代表"重要思想和科学发展观习近平新时代中国特色社会主义思想，自觉地贯彻党的基本路线。这既是广大教师唯一正确的指导思想和科学信念，也是广大教师最根本的利益和共同为之奋斗的远大目标。只有坚持这一正确的政治方向，才能在共同理想的基础上搞好教师之间的团结与协作。

第二，认真贯彻党和国家的教育方针，明确我国教育的根本任务是要为社会主义现代化建设培养合格的后备力量。在教育实践中，不断进行改革、创新、总结经验，不断探索教育教学规律，为提高教育教学质量，为全面实施思想政治教育进行不懈的努力。

第三，教师的神圣职责是教书育人，为社会主义祖国培养建设者和接班人。教师向学生传授知识，开发智力资源，具有巨大的社会意义。革命导师马克思说过，要改变一般人的本性，使他获得一定劳动部门的技能和技巧，成为发达的和专门的劳动力，就要有一定的教育或训练。特别是在今天，知识已成为决定生产力、经济发展的关键因素。科技的发展、经济的振兴，乃至整个人类的进步，都取决于劳动者思想的提高和大量合格人才的培养。这个光荣而艰巨的任务，责无旁贷地、历史地落在了教师的肩上。他们高风亮节，同舟共济，勇敢地挑起了党和人民交给的这副重担，将实施思想政治教育、培养社会主义事业建设者和接班人的伟大目标作为自己人生的最大快乐和工作归宿。

2. 教师集体的教育作用

（1）教师在实施思想政治教育过程中起主导作用

教师在教育过程中承担着教书育人的任务。在任何学校里，最重要的是课程的思想政治方向。这个方向完全只能由教学人员所决定，任何监督、任何教学大纲等等，决不能改变由教学人员所决定的课程的方向。教师实际上决定着课程的思想政治方向，也必然在培养新一代人的全面发展思想方面起着导航的作用，这是教师主导作用表现之一。此外，教师的水平决定着思想政治教育质量。学生成长的速度与达到的水平，主要取决于教师的思想条件。因此，提高思想政治教育质量，进行教育改革的关键在教师。

（2）教师劳动手段的特殊性，决定了教育过程中教师要做学生的榜样教师不是像工人、农民那样用生产工具加工劳动对象，他是在和学生的共同活动中，用自己的品德、智慧、知识、才能、人格去教育学生。教师的劳动过程中，也要运用教具、仪器设备等手段，用以提高教育效果，但决定教育质量的是教师自身的知识水平、业务能力、专业修养和思想水准。在教育过程中，教育基本手段与教育者融为一体。教师是以自身的人格影响学生，凭借自身的知识与智能引导学生在求知的路上攀登。教师是领路人，是学生学习的直接榜样，他的钻研精神、求知欲望、科学态度、思维方法等都对学生起着示范作用。朝气蓬勃的青年学生富于模仿，把教师看作知识的化身、高尚人格的代表，是他们天然的模仿对象。这种模仿在时间上不仅限于上课，空间上也远远超出学校的范围。

（3）教师集体的特殊作用

教师集体的特殊作用指的是教师集体的巨大教育作用。教师集体决定着学校的面貌，教师的学识、信念、观点、传统、习惯和个人特长，学校的校风和学风，师生之间的关系及学生之间的关系等永久性的精神财富，都蕴藏在教师集体之中。教师集体是受过专门训练的、具有较高思想水平、肩负党和人民重托的教师个体集合于教育方针旗帜下的教师队伍。简言之，教师集体就是为完成共同的育人目标而形成的教育力量的联合体。教师集体是教师的智慧、思想的源泉；教师集体是一种真实力量，这种力量产生于经常进行的集体思维。教师在集体中交流教育、教学经验，研究教材，研究学生的情况，如对他们在智力、体力、道德和美感等全面发展情况进行观察和分析，为学生设计全面发展的蓝图。教师只有依靠集体的智慧、创造和劳动，才能教育好学生。如果一所学校一旦形成了教师集体，自然会产生强大的教育合力。那么，这所学校的学生集体就会有心心相印的特点。学生会像聆听父母的嘱咐一样接受教师的教育。学生不仅会倾听教师的教诲，而且还会真心实意地把教师的教育要求付诸行动。因此，只有学校建立了教师集体，才会使学生的思想沿着社会所要求的方向发展。

3. 教师集体中的矛盾

教育实践证明，只有稳定、坚强、协调一致的教师集体，才能担负起学校思想政治教育的任务。全面实施思想政治教育，要求每一个教师集体都应该是具有创造性的集体。在这个集体中，每个人的个性和才华都能在教育活动中得到表现和发展，并获得集体对他的支持。只有在集体中，个人才能获得全面发展其才能的机会，也就是说，只有在集体中才可能有个人自由。在一个教师集体中，如果教师相互之间的关系是团结和友好的，那么，这种关系是非常有利于实施思想政治教育的。不友好的关系，常常会导致紧张、冲突、顶撞，使教师把太多的精力用于人际关系的纠葛之中，从而影响思想政治教育的实施。

教师之间的矛盾的产生主要是因为：在我国的社会主义制度下，虽然确立了人们在政治思想、道德标准上的一致原则，但并不排除每个人不同的兴趣、爱好和需求。教师集体是由年龄、经历和经验不同，性格和兴趣、爱好不同，学科不同，以及教育观点不同的人所组成的。在这个集体里，有已婚者和未婚者，有性格开朗和性格内向的人，有不同气质和不同修养的人。这就意味着，在教师集体中，在遵守共同原则的前提下，教师之间可能产生意见分歧，发生冲突，产生矛盾。

4. 教师集体的形成

（1）坚持为人民服务的宗旨

我们的国家是共产党领导的、人民当家作主的国家，我们的学校是人民的学校，我们的每一个公民，不分民族，不分种族，不分性别，不因财产状况和家庭状况，人人享有平等的受教育权利。因此，教育工作必须一切从人民的利益出发，坚持教育为人民服务。在教育过程中，每个教师都有一些属于个人的天地，都需要根据自己的个性和特长来发展自己，就是说，都有某种个人利益。但是，这种个人利益不能脱离人民的整体利益，更不能凌驾于人民群众的利益之上。在任何时候，处理任何问题，都必须把人民的利益放在首位，个人利益服从集体利益和人民利益。在必要时，为了人民的利益，必须牺牲自己个人利益。

（2）坚持集体主义

青年学生要在学习期间奠定科学的世界观、人生观和价值观基础，掌握现代科学文化基础知识和基本技能，养成良好的思想作风和道德品质，形成全面发展的整体思想，教师的言传身教和精心培育是极为重要的。因此，教师一定要自重自强，严格要求自己，做到德才兼备，精通业务，成绩卓著。要有高度的责任心和使命感，以实际行动维护教师集体的荣誉和威信。如果有谁不关心学校工作，不尽心竭力地完成本职工作，就是一种失职行为，就有损于教师的集体利益和集体荣誉。可见，关心集体利益，维护集体荣誉，维护教师集体的尊严和威信，是实施思想政治教育对教师的要求，也是搞好教师之间的关系和建立强有力的教师集体的根本条件。

思想政治教育，不是教师个体单独可以实现的，而是由各学科教师集体共同完成的，这就需要全体教师目标明确而又协调一致地工作。学校领导要高度重视教师集体在思想政治教育中的决定性作用，要关心和维护建立在教育理念和实践活动一致基础之上的集体团结，与一切损害集体利益和破坏集体团结的错误倾向作坚决的斗争；要把个人为寻求和探索教育改革的努力与整个集体的努力结合起来；要尊重集体的教育经验，以集体的经验丰富个人的经验；要耐心地、认真地听取集体对于自己的工作提出的批评意见，经常征求集体的评价，自觉地为集体做出贡献。

实施思想政治教育，要靠教师集体的力量。但是，这种集体力量是建立在调动每一位教师的积极性和创造性基础上形成的。因此，必须关心教师集体中的每一个成员的发展。教师的劳动具有个体性的特点，教师个人的独创性是全面实施思想政治教育的关键。因此，在学校思想政治教育工作中，不能片面或过分强调共性而忽视和抹杀个性。教师的劳动主要是脑力劳动，脑力劳动是最复杂、最繁重而又最具有个性特点的劳动，所以，应当从实际出发，允许每位教师发挥其独有的智力才能，展示其个性特点，发扬其个性优势。教师之间要充分尊重每个人的个性，鼓励和支持教师的个性发展，并为教师个性的发展创造最佳环境和条件。教师个性的发挥和积极性的调动，与教师集体意识的形成和集体力量的凝聚是完全统一的，是相辅相成的。教师集体所要完成的任务，只有发挥每位教师的创造性才能得到保证，每位教师都能发挥创造性，这个教师集体就会生动活泼、富有朝气。

（3）坚持团结协作

①思想上互相帮助

实施思想政治教育，教师是学生心目中的楷模。教师不仅向学生传授文化科学知识，而且在政治思想和道德品质上还直接影响着学生的心灵。因此，教师要做到为人师表，就必须思想进步、品德高尚。要达到这一基本要求，主要靠教师本人的主观努力，同时，也离不开其他教师的真诚帮助。尤其是在市场经济社会，各种信息在影响着学校，对此，广大教师必须坚持原则，分清是非，明确方向，头脑清醒。教师之间要彼此勉励，克服困难，勇敢地挑起思想政治教育的重担，做好人民教师。党和国家提倡尊师重教，广大教师就应当从师乐教，甘做"春蚕"和"人梯"，不求名、不图利，以赤子之心报答祖国和人民的养育之恩。特别是参加工作不久的青年教师，应当虚心学习，为教育事业奉献自己的青春年华。教师之间要正确开展批评与自我批评，做到大事讲原则，小事讲风格，坚持真理，纠正错误。教师之间发生矛盾后，要严于律己，宽以待人。对其他教师的缺点和失误，既不采取自由主义态度，也不无限上纲，伤害别人，而应严肃、热情、实事求是地进行批评帮助。批评与自我批评，是搞好教师间团结的保证。

②业务上互相学习

教师一般都系统学习过必要的专业课程，受过高等师范教育，应当说，专业知识和相应的基础学科知识是比较扎实的。但是，不少教师在教学实践中都会感到"书到用时方恨少"，特别是在科学技术日新月异的现代社会，更是如此。因此，广大教师不满足于已掌握的知识，在搞好教学工作的同时，都在继续努力学习，了解本专业的现状与最新发展，也只有这样，才能不断提高自己的业务水平。教师间应提倡互相学习，教师之间应当经常沟通信息，推荐新书，介绍资料，交流学习体会，研究教材、学术问题，合作研究教育科学，等等，以开阔眼界，活跃学术气氛，树立良好的教风和学风。

③工作上互相支持

教师应当在工作上互相支持与协作。思想政治教育工作是一项高度自觉和具有极强创造性的事业，每个教师都有自己的个性特点和独到经验。为了取长补短、互相学习、共同提高，教师之间应当经常组织观摩教学，交流经验，合作共事。在个别教师中存在的那种唯我独尊、轻视协作的态度是不合适的，应当加以克服。教师之间，只有在教学工作中互相学习、配合默契，才能共同提高。

④生活上互相关心

教师之间的彼此关心，互相照顾，互相帮助，是他们安心工作和身心健康的良好条件，也是形成教师集体的一个重要标志。老教师要关心青年教师的学习、工作和生活；青年教师要照顾老教师，尽量减轻他们的负担，使他们劳逸适度。此外，教师间在评职、评优、深造等问题上，要互尊互让。特别是党员教师，更要事事处处严格要求自己，充分发挥先锋模范作用，做广大教师的表率。

（4）教师集体中的每个成员要处理好四种关系

①与先进教师的关系

在我国社会主义教育事业的大发展中，不断地涌现出许许多多出类拔萃的先进教师，他们有进步的思想、优秀的品格、突出的成绩、成功的经验和重大的贡献，这是十分难能可贵的。教师集体中的每个同志都要为本行业能涌现出先进代表而自豪，对他们应倍加爱护和热情颂扬，并积极地宣传和虚心地学习他们的先进思想和模范事迹。只有这样，才能提高整个教师队伍的威信，并为先进教师保持荣誉、继续进步创造良好条件。同时，还可以通过对比借鉴，使教师们都加强自己的工作责任心，提高教学教育质量。至于先进教师本人，要谦虚谨慎，热情而无私地帮助其他教师改进工作。先进教师要正确对待成绩和荣誉，牢记"虚心使人进步，骄傲使人落后"，在教育实践中虚心向其他教师学习，博采众长，在实施思想政治教育实践中不断取得新的成绩。

②与青年教师的关系

在教师集体中，帮助教师，特别是青年教师端正对其职业的认识，促进后进教师的提高，对发展教师集体、增强教育力量以及全面实施思想政治教育都具有极为重要的意义。在教师集体中，中老年教师对青年教师首先要有一个正确的评价，并根据他们的具体情况，进行有针对性的工作。对刚刚走上工作岗位的青年教师，中老年教师要加强帮助，让他们迅速适应工作环境，正确处理各方面的人际关系，过好教学关，掌握教育教学规律，早日进入教师"角色"。

③与教授其他学科的教师的关系

教师都希望学生对其所教授的学科重视和感兴趣，这是符合心理规律的，也是教师一种自然的良好愿望。但是，有的教师是以降低学生对其他学科的重视为代价，来达到这个目的。他们片面强调自己所教课程的作用，轻视或贬低其他课程的作用。因此，处理好与教授其他学科教师的关系，是建立教师集体的基本要求，也是全面实施思想政治教育的重要条件。

④与不同教育观点教师的关系

教师在不同教育观点上的争论，是正常现象，应该以积极的态度对待。教师之间要互相尊重不同的教育观点，平等地在一起研讨问题。应当允许和支持其他教师在工作中进行实验，对那些被实践检验、证明是行之有效的教育观点和教育方法，要采取积极接纳和虚心学习的态度，不能漠不关心，更不能冷嘲热讽，压制伤害。

总之，强有力的教师集体的形成非一朝一夕之事，它需要学校的领导和全体教师不断地为实现集体的奋斗目标而努力才能做到，才能切实搞好思想政治教育。

（三）学生群体

1. 学生群体的思想政治教育作用

（1）助手作用

学校中建立学生会、班委会、团支部的根本目的在于把青年学生组织起来，使他们在一定的组织中更好地接受教育，发挥积极、模范、带头的作用。这些学生群体是学校实施思想政治教育的有力助手。这些群体可以在思想政治教育工作的统一部署下，学会自我管理、自我教育，并协助组织开展全校性、全班性的活动及完成某项工作任务。

（2）保证作用

实施思想政治教育在于培养学生具有坚定正确的政治方向、辩证唯物主义世界观和社会主义道德品质，培养学生道德思维和道德评价能力，培养学生自我教育的能力和习惯，培养学生的创新精神和实践能力。要完成这些任务，仅靠教师的说教和灌输是远远不够的，必须通过学生各种群体组织的各项活动来协助。学生群体，既是思想政治教育的对象，又是思想政治教育的主体，在全面实施思想政治教育过程中起保证作用。

（3）激励作用

学生参与到某个组织中，尤其是成为团队组织中的一员，其本身就是对学生的极大鼓舞。团、队组织的舆论、准则、纪律、目标、活动等，先进组织中的先进人物和先进事迹，直接激励和鞭策每一个学生，不断地调节学生的言行，激励着学生不断地努力进取，从而为全面实施思想政治教育创造蓬勃向上的氛围。

2. 学生班集体的思想政治教育意义

一个真正的班集体，必须具备以下条件：有明确的奋斗目标、健全的组织系统、严格的规章制度与纪律、强有力的领导核心、正确的舆论和优良的作风与传统。实践表明，班集体的发展水平，不仅影响着课堂教学活动过程，而且实际影响每个学生的学习兴趣、动机、价值观念及行为倾向。班集体良好的心理环境，可以在集体和个体的价值观念、理想、信念与目标的基础上，建立起一种师生间、学生间相互信任与合作、相互激励与促进的班风。这种心理环境作为良好班集体稳定的特征，必然表现于思想政治教育的过程之中。班集体通过直接参与实施思想政治教育，促进学生个体思想的形成与发展；同时，班集体的健康发展，又为思想政治教育环境的不断优化创造了条件。因此，良好的班集体就成为实施思想政治教育的基本保证。

（四）教师与学生

1. 教师与学生关系的意义

师生关系是一种特殊的社会关系，它是指在学校的特定环境中，为完成一定的教育任务，在教育者与受教育者之间形成的一种人与人的关系。师生关系的种类多种多样，一般分为教育关系、道德关系、心理关系等。

师生间的多种关系是不可分割地交织在一起的。

师生关系是学校中各种人际关系的核心，是学生全面发展的思想形成的一种重要的教育力量。长期的教育实践证明，良好的、协调一致的、健康的师生关系，是思想政治教育任务得以完成的前提条件，对学生具有直接的教育作用，直接影响到学生的世界观、人生观、价值观。

在教师与学生的交往中，教师与学生的心理相容是一切教育的基础。只有师生双方在心理上互相接纳，教师才会真诚地、耐心地，以平等、民主、友好的态度教育和引导学生；学生才会真正地对教师的教育产生认同感，愿意接受教师的教导。反之，教师在学生中缺乏威信，并居高临下，教法简单粗暴，就不会在学生中产生情感共鸣，不会使学生接受教师的教育，甚至产生与教育目标背道而驰的结果。

2. 社会主义新型师生关系的特点

师生关系是社会关系的组成部分，它必然受一定社会的政治、经济制度的制约，以及社会文化、风俗习惯、伦理道德的影响，具有社会制约性。在不同社会制度的国家里，不同社会的不同历史时期，学校中的师生关系有着不同的性质和特点。我国社会主义学校的师生关系是以社会主义的政治、经济制度和道德风尚为基础的新型的师生关系。这种师生关系是以师生民主平等为前提，以培养社会主义新人为目标，以社会主义道德规范为指导，以尊师爱生、教学相长为特征的新型的师生关系。这种师生关系既继承了中华民族传统文化的优良传统，又体现了社会主义制度下全体公民在经济、政治、法律和人格上都是相互平等的新型的社会关系。这种新型的师生关系，是全面实施思想政治教育的重要条件。

尊师爱生，就是学生应该尊敬教师，教师应当热爱学生，这是良好师生关系的感情基础。教师只有真心地去爱学生、关心学生，才能换来学生的尊重。尊师是爱生的结果，爱生是尊师的基础。教师投之以桃，学生报之以李。教师爱学生就会产生巨大的教育力量，甚至会出现教育奇迹。学生只有觉得老师又像师长，又像朋友，又像自己心目中最崇拜的人、最敬佩的人、最可亲的人的时候，他们才会把老师当作知心朋友，才会对老师打开心灵的门窗。因此，教师对学生出于真诚的、无私的、纯洁的爱，才会形成师生间的互相尊重、互相承认、互相谅解、互相激励的氛围，以利于思想政治教育的顺利实施。

教学相长是指在教育教学过程中，教师和学生的相互制约、相互促进、共同提高。它是我国古代教育思想中的一份宝贵遗产，也是当代信息化社会中教师应具备的重要品质。由于社会生产力的飞速发展，自然科学与社会科学知识呈几何级数递增，同时，信息社会大众传播媒介的广泛使用，使得教师与学生几乎是同步接受信息，甚至学生获取的信息种类与数量超过教师，因而教学相长的思想在现代教育中将会越来越显示出它的生命力。教育互动性理论——自我教育与他人教育相互转化的规律也有力地说明了这一点。

3. 良好师生关系的建立和发展

良好师生关系的建立与发展是在思想政治教育过程中实现的。它的实现有赖于教师、学生、学校管理干部等多方面的共同努力，但从根本上说，取决于教师的教育水平，取决于教师的专业知识、教育能力、教育机制、思想品德修养等因素。从思想政治教育环境的角度看，关键在于教师的全面思想。一个热爱教育事业、忠于职守、热爱学生、勤恳工作、处事公正、处处能为学生做表率的优秀教师，不仅给学生留下难忘的印象，而且使学生的行为受到深刻的影响，也会为良好师生关系的建立和发展奠定情感基础。为此，建立和发展良好的师生关系，教师必须做到以下几个方面：

首先，树立科学的学生观，正确地、科学地认识学生和理解学生，正确地对待学生、尊重学生、关心学生、爱护学生。

其次，树立为学生服务的观念，努力教好功课，努力为满足学生的求知欲望、开阔学生的眼界、发展学生的个性特长创造一切有利条件，为学生的学习、工作和生活提供方便，全面关心学生的成长。

再次，发扬教育教学民主，善于倾听学生的意见和建议，善于与学生沟通与交往，善于与学生一起讨论、研究，善于与学生打成一片。

最后，善于控制自己的情绪，坚持耐心教育，勇于批评和自我批评，敢于承认错误，敢于承担责任，正确处理师生间的矛盾。

第三章　不同背景下的思想政治教育

第一节　新媒体背景下的思想政治教育

一、新媒体的含义

"新媒体"是对媒体发展的一次创新和改革，范围广、内容全、内涵丰富，是媒体发展与网络技术相结合的产物，实现了人人参与到媒体中来的质的飞跃。专家学者们认为，所谓的新媒体，就是借助全新的互联网信息技术手段，给用户带来多样化的信息数据资源。清华大学熊澄宇教授则认为新媒体是相比较而产生的，现在的新媒体日后也可能演变成了传统的媒体，现在的这些传统媒体之前也被人们称为是新的媒体，他认为新媒体就是指新兴的网络平台。通过研究可以发现，我国对新媒体的相关概念的阐述多为宏观，如今，新媒体已经成为我们的生活当中的一部分，人们普遍认同新媒体是一种全新的传播媒介，它借助信息、网络和数字技术，依靠移动和网络设备，向受众传递信息，提供各式各样的生活需求及服务。

新媒体以网络信息技术和通信技术的发展为基础，快速汇集、关联、组合各种信息，以多样的表现方式传达给受众，满足多样性需求。新媒体是不断发展的媒体，是对自己的不断更新，以满足需求为己任，多元、丰富、人性化的信息内容融入受众的生活之中，受众更愿意成为信息的主人，使信息在新媒体的传播效力远远高于传统媒体。新媒体是一个相对的概念，新媒体的"新"是与传统媒体相比较而言的，是对媒体的不断丰富和发展，丰富了传媒的传播渠道和方式。有学者认为新媒体运用光纤网络和电子通信网络等数据信息，将卫星、手机和媒体信息进行多方位的互动。它既能够充分运用现代互联网中的信息数字技术，加快信息的传播速度和路径，提高传播效率；也可以是一个综合性的信息网络基库，给用户带来全面丰富的数据体验和信息资源。由此可以得出，新媒体既可以运用网络技术，借助移动智能终端，实现人人可以参与到媒体的产生、传播和成果共享中来；也可以网络传输为载体，移动智能手机为终端，以受众最常见的新兴媒体软件为代表，实现及时、互动、便捷等新媒体的基本功能。

二、新媒体的特点

有学者介绍了很多新媒体所具备的特性，包括互动性、开放性、分众性、及时性还有数字化的特点。有学者则认为新媒体具有开放性和隐匿性，人人都可以参与到新媒体中来，人人都可以通过屏幕发表想法。还有学者认为新媒体应该具有去中心、草根、即时的特点。由此可以得出，从新媒体的含义、种类及特点中，我们可以全面地对新媒体进行了解，为思想政治课教学中新媒体的运用做了良好的铺垫。

随着网络的发展及手机的普及，新媒体深入我们的生活，相对于其他媒体，作者认为新媒体以其互动性、开放性、即时性、草根性的特点在众多媒体中后起，并越来越深入我们的生活和学习中来。

（一）互动性

新媒体是众多媒体的融合，便于阅读与互动，信息交流不再是单纯的文字和图片，还包括音频、视频等；信息交流不再是"留言等回复"。各方参与其中表达对某一些信息的看法，既有官方答复，又有普通受众参与，提高了交流的互动性。以微信为例，最直白的便是即时沟通，不仅可以语言和文字沟通，还增加了视频、语音，受众可以通过微信"面对面"的进行互动；同时，微信还可以进行表情包的发送，用幽默的方式进行交流；微信公众号的推广，可以将自己或者官方的信息、观点等以链接的形式进行传播，方便随时随地进行查阅，拓宽了互动的渠道；微信近些年推出的小程序功能，简洁了众多程序并存的局面，方便了受众一键查询，其中以国务院小程序为例，受众不再需要各方寻找渠道进行表述，通过小程序里相关功能即可表达己意，增强了互动的便利性。综上，以微信为代表的新媒体，方便了受众可以随时随地随心进行线上互动，满足了人们对于媒体基本功能的需求。

（二）开放性

与普通媒体相比，新媒体不再受官方和其他媒体的影响，人人都可以是信息传播的对象和主体，人人都可以成为媒体传播的中心，成为信息的主角，更可以自主进行信息选择和信息判断。以微博为例，各大官方媒体入驻微博，受众不再一味地接受信息，官方不再苦于收集信息的方式，利用手机进行文字编辑，点击一键发送，自己的想法便可以表达出来，点赞及回复功能让有相似看法的人聚集在一起，开放式的信息表达增强了信息的传播，普通群众也可以通过微博分享自己的身边事，尤其是可以通过某个热点话题的参与，与素未谋面的网友交换观点，开放式的网络环境，自由的分享方式，让信息真正可以从受众中来，让普通受众增强了网络的参与感，从而更愿意参与到网络生活中来。简而言之，以微博为代表的新媒体具有广泛的开放性，让受众真正地在开放的网络环境中各抒己见，体现了网络信息时代新媒体发挥的作用。

（三）即时性

新媒体同传统媒体不同，不再是今日新闻明日才见诸报端，或者是新闻消息编辑之后才展现在受众面前，它突破了时空的界限，通过网络，借助移动电子移动设备，即时向受众传递信息。受众不再需要用整段时间进行信息阅读，而是可以有效地利用碎片化时间进行阅读和学习，提高了信息时效性。以微博为例，受众只需要安装微博一个软件，无需关注任何账号，时事新闻便以"热搜榜"或者"要闻榜"的形式传递给受众，既有受众喜闻乐见的娱乐新闻，也有关注社会民生的政事，榜单实时更新，使更多新闻可以短时间迅速传递在普通受众之中，并通过转发和分享的方式传递给亲朋好友，大大提高了消息传播的时效性，使普通受众参与到新闻的传递和传播中来。由此可见，以微博为代表的新媒体，借助电子设备，借助普通受众的碎片化阅读时间，将新闻信息更加有效地传播出去，体现了新媒体的即时性特点。

（四）草根性

新媒体可以实现人人参与，草根性是新媒体相较于传统媒体的特点之一。人人都可以参与融入新媒体中来，人人都有机会成为新媒体的传播主体，新媒体不再更高的要求新闻信息传播者的学识身份和理论水平，人人平等，人人开放。以抖音短视频为例，更多普通受众参与到短视频的制作和拍摄中来，既有生活和工作中的琐事分享，也有官方信息的编辑分享；小到洗衣做饭，大到阅兵授奖，短短几十秒可以分享很多。"网红"便是其发展的衍生物，普通受众通过拍摄、编辑、分享短视频在抖音平台，其他受众通过阅览相应视频，久而久之，有趣视频或者是受众较喜爱的视频从中脱颖而出，其拍摄者便成从普通拍摄者变为"网络红人"，增加了阅读率的同时也带来了一定的经济效益，从而带动更多的人参与到短视频的拍摄中来。可以见得，以抖音短视频为代表的新媒体，以简单的视频拍摄方式，吸引普通受众参与到其中，人人都可以从草根百姓变为家喻户晓的知名人物，人们从受众变为主体，吸引了更多的人参与到新媒体。由此可以得出，从新媒体的特点中，我们可以清楚地对新媒体进行全面的认知，方便我们从中获得学生关注的新闻事件和热点信息，为思想政治教育拓宽了素材渠道的同时，也方便了思想政治教育更好地运用新媒体技术进行教学。

三、新媒体的分类

新媒体的种类十分广泛，从不同角度可以对新媒体进行不同的分类，中国人民大学匡文波教授就从不同角度对新媒体进行分类，从客户端方面界定将新媒体分为手机、网络和数字电视新媒体；从外延上又可以分为网络、数字和移动类等；MBA 百科以媒介属性将新媒体分为社交媒体、云媒体和视频媒体等类型，作者以此为标准对新媒体进行分类。

（一）社交媒体

社交媒体主要是以微信、微博为代表的社交软件。在当今快速的生活中，社交媒体借助移动设备和网络，用最短的时间，将众多的信息传达给受众，将时间碎片化的同时具有强大的传播力。社交媒体以微、短著称，同时方法多样，选择丰富，准入门槛低，是新媒体最典型的代表。

微信现在可以说是人人必备，是下载量最高的超级软件，用户最多、市场占有率最高，融合文字、语音、视频等基础社交方式，很大程度地满足了受众的社交需要。微信以人际的社会圈式传播为基础，依靠移动终端，进行信息的沟通和交流，具有便捷的属性，值得一提的是，随着微信功能的不断完善，如今的微信拓展了实用领域，使之集查找、搜索等众多生活模式于一体。

微博是新媒体发展到巅峰的重要代表，信息交流互动不再受朋友圈的局限，实时更新的微博热搜榜更是将新媒体的即时性体现得淋漓尽致。微博信息的浏览、众多受众的参与，使微博成为双向传播的典型代表，用户对信息运用的最大化和传播的流动化，冲击着传统媒体的传播方式。

在思想政治教育教学中，以微信、微博为代表的社交新媒体，是最广泛运用的新媒体，快速、便捷的方式，多样、多类的内容拓宽了思想政治课教育的时空界限，丰富了内容的选择。

（二）云媒体

云媒体是云计算的引申，是指运用云计算，以互联网为基础的一种新媒体，是当今信息和数字社会发展的集大成者，它运用比喻的方式，将网络信息内容多样化、互动化，使之选择便捷，更符合个人特点。云技术在思想政治教育上最大的运用是"云课堂""雨课堂"和"云书籍"等方面。

一是云课堂、雨课堂，云课堂通过购买服务，将课程资源化，精品的课程让受众尤其是学生可以享受到高品质的学习内容，它突破了时间、空间的限制，将互动学习变为可能；雨课堂由清华大学提出，通过共同在线学习，让学生可以与更多课堂进行沟通，学习时间更灵活，更易自主进行学习；同时在预习、课堂中提供技术支持，丰富的课堂形式，使得学习在互动的氛围中进行。

二是云书籍的网络化发展。它突破了纸制发行的界限，客户端订阅、下载、阅读，一气呵成，发行方便，发行量由受众自行选择，将阅读与传播相结合，同时网络可以随时阅读分享，增强了知识的积累和深度交流，成为沟通的新方式。普通学生通过网络便可以搜索到阅读书目，不必再等时间去查阅，满足了学生对知识的碎片化需求，接受度更高。同时，云媒体还包括淘宝、京东购物、新闻客户端等广泛运用云技术而进行用户分析、推送的新媒体。

云媒体是聚集、共享的网络模式，本地进行简单操作和选择，云媒体便可以运用云技术向用户提供以用户为中心和主导的信息，信息的双向验证使得云媒体思想政治教育中新媒体运用研究的选择更具完整性。在思想政治教育中，教师根据学生的实际状况进行云课程的选择，云技术在进行分析后，推送的课程便更符合学生的实际状况，同时根据学生日常对云书籍的阅读，云媒体进行跟踪反馈，思想政治课教师便可以根据实际情况，了解学生的知识需求。云媒体运用云技术，帮助思想政治课进行个性化选择和筛选，是当今思想政治课教师可以广泛运用的新媒体。

（三）视频媒体

视频新媒体是伴随着网络的普及和提速而产生的，视频媒体分为短视频和长视频两类；短视频以抖音、快手为代表，长视频主要以直播视频为主，以钉钉、腾讯直播为代表。近几年来视频新媒体快速兴起，迅速占领新媒体的半壁江山。

以抖音为代表的短视频以简短为特征，十五秒的视频剪辑，分享身边事，受众从新媒体的接受者变为使用者，各种网红从中诞生；抖音的出现弥补了受众对于文字和图片的不满足状态，在闲暇时的观看和推送，将日常生活视频化，观看式的交流方式更加通俗、简便，同时也让更多普通人参与其中，是新媒体趣味化的代表。

近些年来，各类直播软件的发展，极大程度满足了受众对于长视频的需求，较为成熟的是钉钉直播，操作简单、便捷、页面选项丰富，在疫情防控期间，线上教学中钉钉直播发挥了重要的作用，既可以与普通人进行线上的交流，也可以进行专业性的视频交流，正规性的直播方式满足了多选择、多时空的功能。

随着网络的不断普及，近些年来，官方媒体不断进驻短视频平台，一改官方严肃的形象，可以更好地进行宣传，思想政治课教学中的视频内容也逐渐从抖音短视频中来，学生乐于接受的视频内容增加了思想政治课的欢迎度；同时，钉钉直播的运用，使得停课不停学成为可能，让思想政治教育走进家中。

除了社交媒体、云媒体和视频媒体之外，MBA 百科中新媒体的分类还包括娱乐媒体、电视数字媒体和户外媒体等思想政治课教育较少涉及的新媒体。从新媒体的分类可以看出，新媒体交互性强，个性化的媒体功能突出，信息依靠新媒体这一极具特色的介质进行传播，增强了新媒体受众的选择性，吸引了越来越多的人参与到新媒体的传播中来。从新媒体的含义、特点和分类中，可以清晰地看到新媒体的优势，思想政治课可以运用新媒体的这些优势丰富教学内容，拓宽教学渠道，营造更富有亲和力的思想政治课氛围。

第二节　"互联网+"背景下的思想政治教育

一、"互联网+"的概述

(一)"互联网+"的特征

"互联网+"与互联网概念从本质上来说大致相同，两者除了具有时间空间上的不限制、多资源整合等传统特点以外，前者还具有如下特征。

1. 跨界融合

"互联网+"不同于以往双向地互动或者连接方式，它是融合了各行各业与之产生联系并与其协同发展。"互联网+"具有一种力量，能够推动社会各部门、各行业通过融合发展开辟一条全新道路，为此，在思想政治教育方法的创新发展上，我们可以通过"互联网+"万物互联的特性与其他学科进行融合发展，从而发挥合力，同向同行。

2. 共同共享

"互联网+"是一种存在于每个人之间的联系网。现代社会生活中我们似乎已经离不开互联网了，它已经变成了我们生活的一个部分。不管是出行、吃饭、购物甚至是生活用品等都已经处于共享经济中了。那么运用于学生思想政治教育中也是需要一个共同共享的理念，不仅拓宽了思想政治教育渠道，也让其成为学生乐于接受的互联网式的教育方式。

3. 尊重人性

"互联网+"的巨大的网格背后，每个人都是平等的存在，不因社会身份的不同而产生阶级上的差距，并且都可以自由地表达出自己的观点。这是"互联网+"的独特特征，同时也符合学生群体对思想政治教育的诉求特征。传统的老师自上而下地向学生灌输知识的模式，似乎已经不适应现阶段的学生学习方式。

4. 创新驱动

新时代之所以称之为"互联网+"的时代，是因为每一个巨大发展的节点都有其全面创新的点。不再是单纯的聊天、查阅资料、购物等单一行为方式的互联网，已经因为创新驱动方法发展成了改变人们生活生产方式的重要因素。从环境层面讲，"互联网+"已经在点面线上全面创新了生活方式。从要素层面讲，"互联网+"创造出了新的认知、新的需求。

（二）"互联网+"的教学方式

1. 资源整合

用于思想政治教育的相关内容很多，这些资源在互联网上比比皆是。思想政治教育在网络思维的冲击下，必须向多元化方向发展。因此挖掘优质的资源、方法势在必行。首先，要竭尽全力，挖掘一切可以挖掘的教育资源，丰富思想政治教育内容；其次，要正确整合、分析、处理这些资源。比如在课堂教学时，仅仅只是依靠单纯的教学课程知识讲授与教学课本知识的输入，难以达到良好的教书育人教学效果，而通过网络搜索，挖掘与课程内容相关的各种教育资源、信息资料，经过加工整理后，在课堂上积极进行综合性教学，不但可以丰富学生思想政治素质教育的内容，还可以提高广大学生自主学习的参与度，激发广大学生的学习积极性。

"互联网+"时代的到来，有利于充分发挥在线开展思想政治宣传活动，提高思想政治理论教育的宣传效果。如设置本校专门的教育微博、微信公众号等，打造优质的教育网络平台，提升学生思想政治理论在线教育教学实效性。此外，在各类智能终端应用程序不断出现的情况下，思想政治教育也可以针对应用程序进行专门设计开发，并将一些学生的网络实践与应用程序相关联，这样就可以将创新实践教育渗透到思想政治教育中，最大限度地发挥思想政治教育的实效性。

2. 沉浸式体验

虚拟现实技术、增强现实技术等虚拟智能提供了沉浸式体验，通过营造氛围让参与者享受某种状态，使用户有一种身临其境的感觉。网络思想政治教育既是教学形式又是教育内容，既是教育手段，更是教育目的。要想实现内容与形式的统一，手段与目的的统一，就要运用"互联网+"的学习优势、教育特征，坚持以习近平新时代中国特色社会主义思想为核心内容，加强教育选题设置和教育内容的资源提供，建设思想政治教育虚拟仿真实践平台，加强网络思想教育过程的资源整合利用、技术支持和协作创新，加强虚拟网络仿真教育，重视思想政治教育的沉浸式体验教学。

"互联网+"条件下思想政治教育的沉浸式体验学习还可以结合模范人物和英雄事迹展开。以模范人物、英雄事迹为依托，建设相应的虚拟仿真实验课程讲述典型人物事迹，沉浸体验故事情境，通过模范示范法来达到思想政治教育的目的。

3. 注重线上和线下的配合

线上思想政治和线下思想政治的完美配合，才能让思想政治教育更上一层楼，让线上和线下变成"你就是我，我就是你"的完美状态，方能体现出全程育人和全方位育人的特点。一方面，学校应在顶层设计上考虑线上和线下活动的相辅相成关系，如：活动的海选可以采用网络的形式，活动的评选也可以采用网络投票等。另一方面，线上和线下在时间的配合关系，如学校可以开展"党建思想政治进宿舍"、学生"三走"活动、"艺术党建进社区"等品牌活动，有效地扩展了传统思想政治教育阵地，也为"微思想政治"降低了压力，从而实现了全方位育人的理念。传统的思想政治教育和"微思想政治"教育都十分重要，需要两者的相辅相成，共同努力才能做好思想政治工作。

二、"互联网+"对思想政治教育的影响

（一）教育理念的开放性

任何教育理念都不是凭空产生的，都有一定的现实基础。互联网的发展使得学生获取信息的渠道拓宽了、速度提升了，诸多信息摆脱了传统信息传播阶段的垄断现象，学生能够自主选择信息和知识，而不是被迫接受。传统的教学时空限制与校际隔阂被彻底打破，学校之间的"围墙"正在逐渐消失。教育过程既要有启动环节也要有跟踪反馈，既要有效果自评也要有效果他评，不能教育者一个人自弹自唱"独角戏"。

（二）教育主客体的平等性

在传统思想政治教育课堂中，思想政治课教师以单向思维模式掌控着整个教育过程，按照其既定的教育方式和教育内容，对学生进行信息传递和价值灌输。这种一元教育格局在信息闭塞、教育资料单一的时期收到了较好的效果。"互联网+"时代，信息的生产、传播、获取方式跟之前已经大不相同，迅猛发展的科学技术和多样的学习媒介使得学生突破时间和空间的限制，实现自主学习。当下，我们思想政治教育者面对的学生是学习力强，善于在网上展示观点、交流思想、表达诉求的学生群体。

面对互联网上即时生产的层出不穷的信息，学生和教育者都是平等的接收者，甚至部分具有超前学习意识的学生，其通过互联网所得到的知识储备比教育者还要多。互联网打破了教育者在资源方面的权威性和地位的中心性，缩小了教育者和受教育者的知识差距，为二者平等交流提供了可能。地位的平等让教育者获得更多尊重，也让受教育者更好地吐露心声，内心的诉求及时得到关切和回应。

互联网的发展使得学生有困难可以和老师线上沟通交流，在这里创造了师生平等的空间，学生获得了充分的话语权。也促进了师生教育观念的双向互动交流，随时随地进行信息共享和情感宣泄。

（三）教育内容的多元性

当今时代，互联网当之无愧地成为全世界信息传播最大、最快的平台，网络信息资源多元多变、形式多样、快速无界，使思想政治教育的内容从封闭逐渐走向开放。这满足了学生的知识延展、个性张扬、兴趣培养。但是随着信息数量的剧增，流速的加快，不可避免地出现了信息泛滥、良莠不齐的现象，对学校思想政治教育提出了更大挑战。

"互联网+"不再囿于固化的课本知识，突破了传统教学内容的有限性和被动性，学生可以在获取最新的信息资源后，对突发热点新闻事件等进行实时的讨论，不再受到课堂固定设置的内容的局限。这极大提高了学生的学习热情和主动性。

学校使用大数据云技术平台，将纷繁复杂的教学资源、教学教务、教研课改、校园安全等校内日常应用转变为智能化、个性化、多终端兼容性应用，能够使用户获得更好的体验，云平台给广大学子提供了一个包容性的学习平台。数字化的线上学习平台、微课等网络课程阵地，使教学延伸至课堂之外，实现师生线上线下随时互动，使思想政治教育课堂活跃起来。

开放的教育资源也对思想政治教育带来了更大挑战，因其打破了原有的知识垄断格局，导致传统思想政治教育的可控性降低，教育资源让学校思想政治教育得以充分延展的同时，也打破了固有的文化欣赏习惯，在这种复杂的文化碰撞中，教育者需要坚持灌输原则，牢牢掌握意识形态在网络空间的主导权和话语权。

（四）教育方式的丰富性

传统思想政治课教学围绕课堂展开，虽然传统课堂具备了成熟的教育理论和教育方法，但是其传播渠道单一，传播范围极其有限，学生学期兴趣不高等弊端也逐渐显现，这样地被动接受的大班授课学生并不喜欢，因材施教成为一句空话。

正当教育者捉襟见肘时，"互联网+"教育的崛起改变了这种机械式的灌输方式。教师可以通过慕课、微课、教育 APP、云课堂教学等多样化的方式，深度整合教育资源。而网络中的教学数据可以帮助思想政治课教师更好地了解学生的态度、认真程度、理论学习情况，从而因材施教。

（五）教育反馈的及时性

四通八达的网络在教育者和学生之间架起了互动的"桥梁"，教育者利用大数据、云计算、人工智能等技术手段，通过网上数据分析，可以快捷正确地把握学生的最新思想动态、心理困惑和行为特点，从而及时与学生交流信息沟通思想，解答心理困惑，改变不良行为，建立和谐亲密的师生关系。此外，微博、微信、QQ 等软件为加强师生的了解提供了媒介，拉近了师生的距离，有助于教育者实时跟踪学生思想变化、情感痛点、行为表现，有助于快速、全面地观察，前瞻性地做好思想政治教育工作。

第三节　社交媒体对思想政治教育的影响

一、当代学生的特点

（一）更加崇尚国产产品

有研究显示，现在年青一代的学生在学校更洋溢着民族自豪感和自尊心，支持国产变成了他们关心国家的一种主要手段。这与中华民族伟大复兴历史进程的推进，中国屹立在世界舞台的中央，中国的综合国力和软实力的增强，中国从文化大国向文化强国转变密切相关。从中华人民共和国成立至今，纵观党和国家的历史发展，中国经历了从"站起来"到"富起来"再到"强起来"的过程。如今中国已经成为世界上第二大经济体，已经打赢脱贫攻坚战，朝着社会主义现代化强国迈进。亲历中国从"富起来"走向"强起来"的就是年青的这一代人。他们亲身感觉着祖国的强盛，十几年来一直接受着主流意识形态的思想政治教育引导，有着更强烈的民族自尊心和自豪感。

（二）物质生活条件更加优越

年青一代学生的家庭收入更高，有研究显示很多学生从小就有了走出国门的经历。这表明这一代学生有更多的经济可支配自由度和由经济带来的选择自由度，高消费能力的背后是更多的自己做主的机会。这是中国稳居世界第二大经济体后，全民共享发展成果的一个例证。

（三）成长于更加民主的家校环境中

当前社会背景下，无论是在家还是在学校，年青一代学生都有了更多的民主的空间和发声的机会。这背后的原因是年青一代学生的老师和家长以年长者为主体，他们是经历过社会发展的一代，是依然活跃在国家和社会舞台的一代，亲历了中国社会的民主化进程，鲜有思想僵化的"老古板"，与年青一代学生的代沟较小。

（四）对"自我意识"有了新的见解

新媒体和移动互联网的发展，让这一代人有了更多的尝试不同领域的机会。因此，对他们来说，领域的广度涉猎已经不能够给他们带来全面的成就感，他们倾向于领域的深度，甚至是创造性的程度来标识自我。

（五）习惯表达想法

年青一代学生的成长与更加民主的家校环境一致的是，他们更加习惯表达自己的想法。更加民主的成长环境，使得老师和家长都乐于聆听年青一代学生的意见，顾及他们的想法和感受，这让他们习惯跟任何人沟通自己的想法，甚至是国家和社会大事。这种特点也和他们同中国的融媒体共同发展起来有关。融媒体给了他们全方位、多角度了解国家和社会发生的大事的机会，使年青一代学生虽然大多数人目前还处于中学时代，但是他们并不会"两耳不闻窗外事，一心只读圣贤书"。同时，他们更加注重彰显自我的存在感，有了独特的想法并不太愿意"默不作声"，而是要发声将其表达出来。

二、微博与学生思想政治教育

（一）微博概述

微博以其自身的特性、强大的用户规模和飞速扩张的影响力日益成为重要的社交媒体。随着学生微博用户的增多，微博的正、负两面性的影响也日益凸显。应用微博进行学校思想政治教育必须充分发挥微博在信息方面的优势，克服其消极作用。应当从提升学生的"网络素养"、弘扬"主旋律"教育、加强教育者的微博教育思维、增强教育者与学生的沟通交流意识、加强微博领袖的作用和加强微博法治建设等多方面，探索出应用微博开展思想政治教育的对策。

微博，是微型博客的简称，是一个基于数字通信技术和用户关系构建的信息分享、传播和获取的广播式社交网络平台。微博作为一种新兴的、为年青人广为接受的网络科技社交工具，具有平台多元化、内容碎片化、注重个体性、多媒体性、交往对象互动重叠性、与其他网络工具对接性等特点。

第一，微博接入平台可以是电脑浏览器或者移动终端，方便用户在一天中的任意空闲时间，哪怕是吃饭时、等候或者途中都能进行微博浏览和更新；第二，除了"长微博"以外，一条微博以最多140个汉字，"微"的特点使得其表达效果不求全面，甚至不求语法的通顺，只求表达，哪怕是一个字或一个词，这种特性与当今受众的碎片化的人际交流心理需求正好契合，这种表达方式特别适合表达内心感受或者生活某一细节；第三，微博能够发布的不仅仅是140个字的文字，微博还有独具特色的图片、视频等处理功能，多媒体性可以让用户更加直观地发布或接收信息；第四，微博因为其特有的"关注"功能，使用户可以进入一个又一个嵌套式交往圈，举个例子，一个用户关注了另一个用户，就可以随之关注他的朋友、朋友的朋友，这种互动重叠的交往方式是人们在现实中交往很难实现的；第六，对于有其他上网习惯的网民，微博可以实现网民与自己以往上网工具的对接，举个例子，可以通过登录发腾讯微博，或者很多论坛、网页上还添加了"分享到微博"按钮，微博可以实现与多种网络工具的对接。

（二）微博开展思想政治教育应坚持的原则

1. 坚持微博思想政治教育正确的政治方向

思想政治教育工作者在使用微博时，往往要突出自身"教育者"的微博人格，弱化自己"普通微博用户"的微博人格，保证其微博的政治方向绝对正确。思想政治教育工作者要具有对微博言论和微博舆情的基本判断能力，切忌在微博上意气用事、人云亦云，切忌传播可能是谣言的言论，切忌言论过激，保证学生看到的思想政治教育者的微博都是政治方向正确的、客观的、正面的、积极的、经得起推敲的言论。

2. 坚持微博思想政治教育与传统思想政治教育相结合的原则

传统思想政治教育不外乎思想政治课教学的课堂教育与辅导员全程思想政治辅导两种主要手段。微博思想政治教育与传统课堂思想政治教育应当是相辅相成的，在应用微博进行思想政治教育的同时，不能放松课堂思想政治教育的教学改革，不能厚此薄彼，思想政治教育工作者有义务探寻两种教育渠道的结合点，做到两者相得益彰、齐头并进。同时，要将微博思想政治教育与辅导员工作紧密结合起来，利用微博增加辅导员的亲和力，随时随地关注学生思想动态，与学生沟通交流。

3. 坚持微博思想政治教育以人为本的原则

科学发展观的核心是以人为本。同样，在学校思想政治教育中也应该坚持以人为本，即坚持以学生为本。马克思主义哲学认为，矛盾的普遍性寓于特殊性之中。作为教育客体的学生有其年青一代学生的共性，也有其每个人特有的个性特征。因此，在运用微博进行思想政治教育时，思想政治教育者除了要有面向所有学生的微博教育言论，还要因材施教，应用微博的私信等功能对个别学生实行单向教育。

4. 坚持微博思想政治教育与其他融媒体教育形式相结合的原则

目前，除了微博以外，微信、抖音、视频号等很多融媒体，各主流官方网络平台同样可以辅助进行思想政治教育活动，如各个学校的官方主页、新华网、人民网等一些官方网页等。思想政治教育工作者可以将多种网络资源结合起来，如将官网上正面的主流的声音转发到微博上，使学生从多种网络平台受到启迪。

三、微信与学生思想政治教育

（一）微信概述

随着网络信息化技术的日新月异，智能手机越来越普及化、平民化，几乎每个家庭都至少有一台智能手机。据相关数据调查研究，中国使用智能手机的网民呈逐步上涨的趋势，其中涉及不同的年龄阶段。可以说，智能手机是新时代背景下人们不可或缺的通信工具，而微信则是众多智能移动通信 APP 的"宠儿"。

1. 微信公众号

通过建立学校官方微信公众号，由专业的教师担任管理者。结合微信的功能与优势，思想政治教师需对传统的思想政治教育内容进行优化，并采用影像、视频等多种学生喜闻乐见的方式对教育内容进行发布，定期向订阅用户推送，引导学生通过关注、订阅微信公众号获取教育信息，初步实现思想政治教育信息在微信平台的发布、获取与共享。思想政治教育的内容是多方面的，为了促进思想政治教育的针对性，学校可以借助微信公众号进行模块化教学，为学生提供多样化的学习选择，提高学生的学习意愿。借助微信公众号设置专门的问答板块，帮助学生有效地解决学业发展、职业规划、心理咨询等问题，在为学生的学习、生活服务的过程中切实贯彻思想政治教育。

2. 微信群

思想政治教师要建立管理有序、良性互动的微信群，通过合理利用微信社群的形式定期组织学生就思想政治教育展开讨论交流。还可以在群里通过多种方式为学生进行实时的答疑解惑，有效地解决学生在学习和生活中的困扰，使微信真正成为学生和教师沟通、促进学生发展的良好平台。

（二）微信公众号的创建和利用

1. 组织建设专业团队

对于"微信公众号"的板块建设方面，相关专业团队可以根据现有的微信平台技术，以学校和辅导员的相关工作内容为核心，为学生设立起更加全面的、具有整合性的事务办理信息汇总模块，除此之外，还可以适当增添一些周边学校的相关讲座、学校活动信息、学工工作内容，以及专门的学生问题解决模块。对于内容筛选与编辑，可以由专业团队进行相关思想教育工作的专题信息推送，不断贴近与联系学生的学习生活实际。举个例子，公众号可以针对奖学金获得者荣誉展示、优秀学生工作表现寄语、校内外相关教授名人发布的优秀文章等进行推送，不断丰富微信公众号信息传播的内涵和价值，帮助学生获得更加丰富多样的思想政治教育信息。

2. 优化调整传播策略

辅导员要通过微信公众号来实现更加优质的思想政治教育工作，其中工作效果实现的条件和前提是学生具有较高的参与度和关注度，微信公众号应当吸引更多的学生关注，才能不断实现其功能和作用。因此，需要学校辅导员及相关团队进行微信公众号信息传播和宣传的策略优化调整，培育和提升思想政治教育工作者的品牌推广意识，让学生能够更加充分地了解到学校的新媒体教育思路，使微信公众号能够获得学生的广泛支持和关注，不断增强学生的阅读学习参与度，为学生能够在微信公众号中进行更加强化的思想政治教育创造条件、奠定基础。辅导员和相关教育团队可以从优化推广方法入手，不断选择和寻找更加符合学生实际需求的方式来进行微信公众号的宣传。举个例子，在进行学校迎新时，面对新生可以加强对微信公众号的宣传，呼吁学生进行相关平台的关注，并且告知学生各类活动将通过平台进行，同时建立更加丰富的活动类型与平台相关联，拉近学生与平台工作的距离。通过此种主要手段能够不断保障平台的活跃程度，提高学生的参与和关注度。除此之外，还可以根据各种文艺、宣传、体育竞技、相关比赛等活动在微信公众号设置投票环节，增强微信公众号的存在感和参与感，不断增加学生的兴趣点，推动学生进行主动的分享和传播，以此来获得更多的学生关注，推动微信公众号的思想政治教育能够进行更好的实现。

除此之外，微信公众号作为信息传播的重要媒介，微信社群作为能在短时间内进行快速传播的工具，将其应用于学校思想政治教育的过程中，需要注重对学生的思想引导。思想政治教师在利用微信平台进行思想政治教育时，其传播的内容必须抓住思想政治教育的重点，有针对性地向学生输送优质的学习内容，在向学生传授知识的同时注重引导学生对海量的信息进行正确研判。使学生通过学习能够自觉坚持正确的政治立场，以辩证的思维看待人物、事件，对所接触的事件进行尽可能客观地分析和评论。帮助学生树立正确的世界观、人生观和价值观，促进思想政治教育工作的顺利开展，使学生能够自觉抵制不良思想的侵蚀。

3. 保障推送时效质量

在当今的互联网时代，信息的传播速度与其中包含的信息量较大，学生会在日常生活中面临各式各样的网络信息传播和推广，因此学生的浏览注意力会呈现出碎片化的趋势，学生在进行网络信息浏览时视线会被分散。在信息量繁多的网络平台下，学生进行浏览时会呈现出浏览迅速等特点，但学生会根据自身所感兴趣的相关内容进行重点查阅，举个例子，一些娱乐信息、游戏项目等，而对于一些具有教育性质的文章学生不会进行过多的关注，这将不利于辅导员通过微信公众号对学生的思想政治教育，会降低信息生命力。因此，要实现新媒体思想政治教育质量的提升，应当充分保障推送时效和推送信息的质量，提高信息中的趣味性和有效性，尽量避免内容信息过载。

第一，在推送时间上，应当选择更加符合学生阅读实际需求的时间段，举个例子，在晚上11点是学生进行网络浏览和阅读的黄金时间。辅导员和相关团队进行信息内容的发布时应当做到及时、准确，不断保障和提升信息的实效性。

第二，在推送契机上，应当在重大节日、纪念日，如五四青年节、雷锋纪念日等具有教育性意义的重要节日之前进行推送内容的提前设置，要做到能够准确及时地发布相关信息，不断迎合和适应节日氛围，做好主题教育的相关工作。

第三，在阶段安排上，相关团队应当根据学生每天、每学期的相关需求，以及思想认识变化发展进行调研，根据学生的学习生活发展需求，向学生推送一些具有更高价值量的信息。

4. 创设分步推进的发展版图

辅导员微信公众号的建设非一日之功，应当结合辅导员自身职业能力发展进行分步培养。

（1）培养基础性能力

主要是通过笔试入围、面试选拔、拟聘前培训、聘任后反复实践，以及后期的定期不定期考核，使辅导员具备基本能够完成微信公众号管理者具体任务所需要的基础性理论知识和能力，能够结合微信公众号开展基本的思想政治教育及事务管理等工作。

（2）提升发展性能力

具备基础性能力的辅导员可根据自身特征、意愿及专业学习经历、兴趣爱好、特长优势等构建自身专业领域，并以辅导员微信公众号为平台推进自身政治理解能力、信息察觉能力、组织管理能力等能力的专业化发展，形成自我发展的优势。

因此，当前的主要任务是通过校内选拔辅导员组成微信公众号建设队伍，重视利用心理咨询和就业指导两支队伍，以及辅导员职业能力发展的经验，在"经验复制"的基础上努力实现创造性传承与创新性建设，逐步打造以思想政治教育专业为学科基础的专业化辅导员微信公众号团队，并把经验普及化，以加强各校辅导员队伍的交流。

5. 挖掘分析数据反馈

微信公众号平台中的数据反馈是帮助辅导员实现更高质量的思想政治教育工作的重要途径之一，学生在进行微信公众号的浏览和使用之后，会呈现出相关的后台数据分析，并且学生也可以进行自主的留言和评价，这些功能和作用能够帮助辅导员在新媒体教育环境下，进行思想政治工作教育的全面了解，为辅导员工作顺利有效地进行提供更好的数据支持条件。因此，相关工作者应当充分重视微信所自备的后台数据分析功能，充分利用这一现有价值和数据收集途径，不断挖掘和分析学生的反馈意见，更加关注和全面了解学生的思想动态变化和需求。

（三）微信对思想政治教育的影响

1. 增强了学校思想政治教育的实效性

微信作为当下流行的社交工具，为学生和教师提供了一个表达意见、交流信息及分享思想的重要网络平台，也对学校思想政治教育产生了重大影响。学生通过微信平台，随时随地接收和发送信息，能够通过各类公众号和学校、学院、班级等微社群获得思想政治教育方面的学习资源并进行互动分享。微信借助自身实时互动和动态化的特性为学生提供了更加便利的学习条件，一定程度上满足了学生在知识获取、情感熏陶、职业规划等方面的多样化需求。微信平台资源的合理利用，能够很大程度上为学校思想政治教育提供便利，促进学校思想政治教育质量的提高。既达到扩展思想政治教育路径的目的，又能够提高学生对学校思想政治教育的认可度。

2. 丰富了学校思想政治教育的形式

教师可以借助微信搭建授课平台，对学生进行线上授课。以云课堂为例，即便大家在不同的地点，也可以通过同一课程号码登录，进行统一的课堂学习，学生有任何问题可以通过发送弹幕的形式进行反馈，同学们也可以在弹幕中就老师提出的问题展开交流，这样的上课方式既新颖又提高了教学效率，不失为一种良好的授课主要手段。

四、"微时代"对思想政治教育的影响

（一）丰富了思想政治教育内容

"微时代"的出现和发展，为学校思想政治教育的发展提供了很多获取资源的渠道和手段，为学校思想政治教学提供了丰富的素材和内容。"微时代"带动了智能手机、智能移动终端设备，以及 APP 客户端的普及和广泛的应用，将人们之间信息的传递、交流和沟通，拉近了一个没有任何限制和障碍的时代。

微博作为"微时代"具有代表性的媒介，有利于丰富学校思想政治教育的内容。当前学校思想政治教育工作的首要任务就是要让马克思主义思想体系成为众多信息的主力军，让马克思主义思想政治教育的经典书籍成为学生的必读之物，让学生自觉养成马克思主义理论的爱好。生活在"微时代"下的广大学生们要坚定不移地用马克思主义的基本理论观点、社会主义核心价值观以及中国梦为引导，坚持传播正能量。利用微媒介的强大功能，实现信息资源之间的共享和交流传播，从而弥补传统思想政治教育模式中内容落后、信息不对称等缺陷，激发学生对于新时代、对新思想的学习热情和积极性，拓宽学生的视野，激发学生对思想政治教育学习的强烈求知欲，丰富学校思想政治教育的内容。

微博的主要特点就是互动性，学校微博一改传统思想政治教育的交往模式，把藏在内心的话语以虚拟和隐蔽的形式，倾诉给思想政治教育工作者，双方处在相对平等的地位进行无障碍的交流，学生把真情实意呈现在学校微博上，教育者可以接触到受教育者的内心

深处，这样的思想政治教育才更有说服力。

（二）创新了思想政治教育方法

传统的思想政治教育方法主要是通过教师在课堂上的讲授课程、召开讲座等单一的形式进行"填鸭式"教学或者"满堂灌式"的教学，其思想政治教育的形式枯燥乏味，大大地降低了学生的学习兴趣。教师作为思想政治教育的主体，传授知识的方法受到课本和课堂教育形式的限制，学生和教师之间缺乏交流沟通，降低了学生课堂上参与的积极性，教学的理论体系不能真正地被学生及时地掌握，不能贯穿到学生的头脑中，学生只能被动地接收教师传递的信息，造成了学生和教师之间出现了对立的现象，拉开了学生和教师之间的距离。

随着微博、微课等的出现，逐渐将文字、图片、视频等形式与传统的思想政治教育教学结合起来，增强了学校思想政治教育教学方法的灵活性，提高了学生主动学习思想政治教育的积极性，教学成果也得到了显著地提高，从而使思想政治教育的理念深入学生的内心，实现学生思想由外化向内化的飞跃。"微时代"下信息的传播还具有互动性强的特点，各种信息鱼龙混杂，学生可以通过微信、微博等自由地表达自己的思想情感、看法及观点立场。学校思想政治教育工作者可以及时地了解和掌握学生的思想动态和心理诉求等。学生和教师之间的交流不再只局限于课堂上，学生和教师之间可以通过微信、QQ等建立群聊或可以通过微博互相关注，可以及时对学生的学习、生活等方面的问题进行随时的交流和沟通，促进学生和教师之间建立良好关系。情感交流与理论教学相结合，不仅可以增加学生和教师之间的双向互动，还可以使学生在思想水平不断地得到提升的同时，教师也赢得了学生的信赖和尊重。

"微时代"下信息传播的内容具有极强的吸引力，传播速度快，学校思想政治教育工作者要善于利用微平台对典型教育事件进行宣传和报道，传统的报纸、杂志等信息的滞后性且信息传播的范围也较为有限，无法及时发挥榜样的示范力量，导致典型教育被弱化。对学生进行思想政治教育借助典型教育法，可以使学生潜移默化地接受熏陶，容易被学生所接受。坚持及时地更新学校思想政治教育教学的主要手段，而不是将此流于形式，不断地取得学生的信任和支持，这才是思想政治教育能够真正取得实效的关键。

微博的便捷性，适合随时随地开展思想政治教育。微博无需发布人有多深厚的文字功底，只需要在日常发表只言片语，而且，微博可以依托于多种终端，学生可以在宿舍用电脑浏览微博，也可以在外面随时用手机浏览微博。这种便捷性，增加了用微博开展思想政治教育的可行性，使学生随时随地接受教育，可以从单纯地在学校主动接受思想政治教育，变成日常潜移默化"润物细无声"式的接受思想政治教育。

（三） 拓宽了思想政治教育渠道

在学校传统的思想政治教学过程中，受教育者获取信息的主要途径是通过教师面对面的讲授，以说教的方式进行知识的传授，信息的传递比较单一，教师一个人的输出严重地抑制了学生的求知欲，造成了学生和教师之间地位的不平等，使学生缺乏质疑精神和探索创新精神，缺乏独立思考的能力。"微时代"的到来改变了学校思想政治教育教学的传统模式，为学校思想政治教育工作开辟了一条全新的渠道和手段，微电影、微视频等为思想政治教育工作注入了新的元素和活力。

"微时代"下传统教师的主导地位受到了挑战，学生从被动地接受知识，慢慢地变成了主动去接受知识的一方，学生的求知欲得到了激发。"微时代"下人们的交流可以在虚拟的条件下进行，打破了必须面对面交谈的形式，人们可以随时随地的进行语音、视频，短信等，也可以借助微媒介随时随地地发表自己的看法和意见，可以自由地表达自己的内心最真实的想法，可以随意地关注自己感兴趣信息，拥有较大的自主性和主动性。

学校微博的开通，更是开启了学校网络互动的时代。在学校微博中，经常可以查找到学校的有关宣传信息和开展活动的内容，还不时与粉丝进行互动，增强学生的亲切感。

研究者从相关资料中了解到，现在绝大部分学生经常通过微信、微博、微视频等微媒介了解国家大事和形势政策，只有一小部分学生还是通过广播、报纸、电视等传统媒介进行相关资讯的了解，通过思想政治教育理论课去了解相关知识的学生更是寥寥无几，由此可见，大部分学生更加倾向于通过微媒介这一渠道进行信息的获取和传播，这就打破了传统媒介信息来源单一的格局，同时以微信、微博为代表的微媒介越来越得到学生和教师们的喜爱和广泛应用。

（四） 优化了思想政治教育环境

人的全面发展和进步总是离不开环境这一要素，不管是个人思想品德的形成，还是开展思想政治教育的活动，都受到自身所在环境的制约。但是，人具有主观能动性，这使得人们能够通过自己的努力在遵循客观规律的基础上去改变环境，为人们的各项活动包括思想政治教育活动提供优良的环境。在"微时代"背景下学校思想政治教育工作的整个环境体系，随着时代的变化发展发生了天翻地覆的变化，微媒介的广泛普及和应用，扩充和丰富了学校思想政治教育的教学资源和内容，打破了传统知识局限于书本、校园的现象。

思想政治教育能否取得良好的效果，取决于教育者与受教育者之间的交流和沟通。在传统的思想政治教育环境之中，学生和教师之间的地位一直是不平等的，教师一直处于高高在上的地位，而学生则处于被动地接受知识的地位，由于二者之间的地位不平等，使得在传统的思想政治教育课堂上以及思想政治教育教学的效果一直不明显。"微时代"环境下的学生思维活跃，有很强的独立意识，他们渴望被接受、被认同、被尊重、被理解，希望可以得到公平对待。所以，教育者要结合受教育者自身的特点，真诚地倾听他们的心声，时刻关注他们的动态，尊重他们的地位，与受教育者建立亦师亦友的良好关系。

（五）促进了思想政治教育资源共享

教育资源分布不均衡，是制约我国当前教育发展的主要问题。"微时代"的到来，有效地解决了教育分布不均衡的问题，"微时代"下信息的大众化传播，促进了信息资源的共享，打破了传统思想政治教育理论课堂单调乏味的氛围，弥补了我国学校一直以来思想政治教育资源单一不平衡的缺憾。

"微时代"的到来促进了学校思想政治教育资源从现实走向网络，从单一走向多元，面对面口述的知识授课方式逐渐被淘汰，"微时代"加速了传统书本和口头传授知识的速度，使静态的书本知识变得生动有趣。

"微时代"下的信息传播具有瞬时性和开放性，使得思想政治教育工作者能够在第一时间进行选择和使用，而微博更新的速度更是以每秒钟数以万计次进行的，通过网页、信息门户等传输到网络空间，为学生学习思想政治教育的内容提供一个阅读、浏览、学习、分享的平台，"微时代"所传递的信息量是以往所有的传统媒体都无法比拟的，大大提高了思想政治教育工作的效率，促进了思想政治教育资源的合理的分配和共享。

以微博、微信、QQ等为代表的微媒介应用，瓦解了传统的点对点、面对面的教育形式，学生可以自主的查找更多的学习资源，自己可以在网络上搜索相关的学习资源，学生和教师之间可以随时进行交流，学生可以有针对性地与教师开展交流、讨论，及时地发表自己的看法和见解，有利于克服学生在课堂上胆怯的行为。思想政治教育者本身也可以从不同的教学资源中获取更多有价值的信息，不断地完善自己的教学目标和方法，使教学资源更加贴近学生的生活。"微时代"促进了的学校思想政治教育内容从传统的静态的教授走向了动态的互动交流，从现实走向网络，从平面走向立体，促进了学校思想政治教育资源的共享。

第四章　新时代思想政治教育工作方法与队伍建设创新

第一节　新时代思想政治教育工作方法创新

一、学校思想政治教育工作方法概述

要做好学校思想政治教育工作，不仅要遵循客观规律、遵循正确的方针和原则，深谙教育教学原理，还必须掌握和运用科学的方法。方法得当，就会事半功倍；方法不当，就会事倍功半。学校思想政治教育方法是多种多样的，并随着实践的发展而不断丰富发展。把握和运用好学校思想政治教育的方法，是对学校思想政治教育工作者的基本要求之一。

（一）学校思想政治教育方法的基本含义

1. 方法和方法论的含义

所谓方法，是指主体为了达到认识世界和改造世界的目的，而作用于客体所运用的工具、手段和活动方式的总和。它是主体联系客体的桥梁，作用于客体的中介，是任何实践活动不可缺少的要素。方法是人们在长期的实践活动和认识活动中形成的，是人们认识世界和改造世界活动的法则。离开了人的认识或实践活动，方法就会失去存在的基础与价值。就其本质而言，方法是人对客观规律的科学把握与自觉运用。人们在认识世界中所采用的方法叫作认识方法或思想方法，在改造客观世界中所采用的方法叫作行动方法或工作方法。

（1）方法与活动相联系

无论是认识世界的活动，还是改造世界的活动，都要遵循一定的方法，都要运用一定的符合其对象实际的方式、方法，否则就不可能获得任何成功。人类认识世界和改造世界，主要依靠经验和科学技术及其相应的方法系统，经验和科学技术一旦转化为方法系统，就有了控制和改造世界的创造性功能，就可以转化为直接生产力。方法系统是主观世界和客观世界联系的有力中介，科学的方法系统有利于达到主体与客体的高度统一。简言之，方法是对事物运行过程规律的认识和把握。方法素质是促进主体人素质开发与不断完善的重要途径和桥梁，方法也就是促进知识的掌握与运用、能力的培养与发挥的助力器。

（2）方法与对象相联系

对象不存在，也就无所谓方法。采取什么样的方法，必须与认识对象或工作对象相适应。人们的认识对象或工作对象是复杂多样的，这种复杂多样性决定了方法的复杂多样性。人们的认识对象或工作对象又是千差万别的，各有其矛盾的特殊性，因此，不能采取千篇一律的方法，而必须针对不同的对象采取不同的方法。人们的认识对象或工作对象是不断发展变化的，因而方法也会不断发展变化。

（3）方法与人的目的相联系

方法总是为实现人的目的而服务的，目的不同，方法也就不同。目的的多种多样性，决定了方法的多种多样性。例如，目的是过河，方法就是"船"或"桥"等，目的实现了，方法的使命也就终结了。目的本身十分复杂，主要表现为目的具有多种主体，即使同一主体也有多种分类。可以说，不同的人、不同的时代，根据不同的分类标准，对目的都有着不同的认识。但目的复杂性并不在于放弃目的，因为方法只是达到某种目的的手段。

（4）方法与理论相联系

从感性认识、实践经验上升到理论，也就是理论指导、运用于实践、解决具体问题，有一个方法的问题。就理论指导实践而言，人们在某一具体实践活动中所采用的方法，不仅会同与这一具体实践活动直接相关的理论有关，还要直接或间接地受到人们的思想观念及其相关的理论知识的影响。方法不是彼此孤立的，而是相互联系的，方法的联系性是由客观对象的联系性所决定的。各种不同的客观对象，不仅会因为各自的个性而相互区别，而且会因为相互之间具有某种共性而相互联系。因此，在认识和改造客观对象时，既要采用与对象相适应的特殊方法或具体方法也要采用与具体方法相联系的一般方法，求得一般方法与具体方法的统一。

（5）方法是主观与客观的统一

从方法的产生看，方法是人的思维活动的产物，人们在认识活动、实践活动中，把成功的方法或经验经过大脑的思维上升为理性认识，并经过实践的检验，变成可以传承的具有科学性的方法。方法和人的思维方式联系在一起，以特定思维结构和方式为基础，随人的思维方式的变动而变化，从而保持方法具有既相对稳定又不断发展的知识体系。从方法的运用上看，人们在完成某一任务，达到某种目的时采用什么样的方法是主观的。虽然方法具有主观性，但任何方法的采用都要受到客观情况的制约，都必须根据认识对象或工作对象的内容，或根据当时的具体情况，以及对象自身的运动规律来确定，因而，采取什么样的方法又都具有客观性。

所谓方法论，就是关于认识世界和改造世界的方法的理论，简言之，就是关于方法的学说或理论。方法论有层次之分，认识世界和改造世界，探索实现主观世界与客观世界相一致的最一般的方法理论是哲学方法论；研究各门具体学科，带有一定普遍意义，适用于许多有关领域的方法理论是一般科学方法论；研究某一具体学科，涉及某一具体领域的方法理论是具体科学方法论。三者之间的关系是互相依存、互相补充的对立统一关系。哲学方法论对一般科学方法论、具体科学方法论有着指导意义。

方法论和世界观是一致的。方法论是世界观的运用，世界观是方法论的基础，用世界观去指导认识世界和改造世界，就是方法论。世界观不同，方法论也就不同。世界观与方法论相互联系，相伴相生。

2. 学校思想政治教育的方法

学校思想政治教育的方法，就是学校思想政治教育工作者为完成一定的思想政治教育任务，在对学生进行思想政治教育的过程中所采用的一切方式、办法或手段的总和。学校思想政治教育的方法主要有情感教育法、说理教育法、个性教育法、典型示范法、行为规范养成法等。

（1）情感教育法

学校思想政治教育的情感教育法，是指在思想政治教育过程中，教育者依据一定的教育要求，借助相应的教育手段，激发、调动和满足受教育者的情感需要与认知需要，促使受教育者产生积极的情感体验，并建立教育者和受教育者之间的良性情感互动，提高教育实效性的一种方法。情感教育法是以情感行为作为中介的一种教育手段，也是易于广泛实施、易于为人接受、易于取得良好教育效果、易于彰显思想政治教育工作艺术的一种教育方法。

学校思想政治教育工作者务必注重情感的投入、心灵的沟通，做学生的好老师、好朋友。

（2）说理教育法

说理教育法一直是中国道德教育领域中的重要方法，也是学校思想政治教育中最基本、最常用的具体方法之一，是教育者通过语言来表达和阐释相关思想、理论、观点，以期对教育对象实施影响与教育的方法和艺术。说理教育法在本质上表现为教育者与教育对象通过对话、交流达至互相沟通、理解，并进而促进其发展和成长的过程。这种方法注重通过对理论的阐释和讲解，通过对教育对象的正面教育和理性引导，帮助教育对象树立科学的世界观和良好的道德品质，实现教育的终极目标。

（3）个性教育法

这是一种以培养学生的兴趣和爱好，促使他们的个性得以充分发挥，形成自己独特的风格的方法。它强调活动的多样性和参与的自发性，使学生的主观能动性和潜力得到充分运用。学生由于家庭背景不同，接触的社会环境不同，个性心理特征不同，因而形成的矛盾或思想问题也不同。对学生进行思想政治教育，要做到有针对性和实效性，就必须把握学生思想品德的个性特征，对症下药，依据每个人的个性特征，开展思想政治教育工作。

对学生开展个性教育，应当着重把握以下三点：

第一，摸清问题，找准矛盾。只有摸清了思想脉络，才能有的放矢、因人施教。除了个别谈心之外，还要引导他们阅读资料、书籍或进行社会调查，提高他们发现问题、解决问题的能力，达到教育学生转变思想的目的。

第二，掌握"性格"。人的性格是个性的核心，是一个人处事待物的基本心理特征，由于性格不同，对相同问题的认识和态度往往会有所不同。比如，对待他人，有的人性情坦率，富于同情心；有的人则思想隐蔽，待人冷漠。对待自己，有的人自尊自重，谦虚谨慎；有的人则自高自大，盛气凌人。所以，掌握人的性格，对于有效地开展思想政治教育工作特别重要。

第三，了解"气质"。在现实生活中，由于人的气质不同，待人接物的态度和表现形式就会有很大区别。例如，有的人脾气暴躁，容易冲动，粗鲁任性，往往把好事办坏；有的人兴趣广泛，认识敏捷，易于接受新事物；有的人沉默寡言，多愁善感，观察问题细致、敏感、多疑，但其意志比较脆弱，不耐挫折。因此，对待不同气质的人要采取不同的思想政治教育工作方法，方能取得理想的教育效果。

（4）典型示范法

典型示范是指胸中有全局、手中有典型，抓典型、树榜样，发挥先进典型的示范作用，这是学校思想政治工作的传统方法和基本经验。先进典型包括集体和个人，他们代表先进生产力的发展方向、先进文化的前进方向、社会精神文明发展的高度，体现出鲜明的时代精神和风貌，由于引领社会发展潮流而凸显出独特的价值。

抓典型、树形象，应注意做好以下几个方面的工作：

第一，要善于发现典型，实事求是地宣传典型。先进人物的先进事迹、先进思想、模范行为，是他们在生产、工作、学习和生活中产生的。只有深入实际、深入群众才能发现典型、树立典型。典型树立起来之后，就要实事求是地宣传典型，以先进典型来影响和带动群众。在宣传上，一定要坚持原则，力戒浮夸，不讲过头话，先进典型也不是十全十美的，因此也不能护短。

第二，要教育人们正确地对待典型。先进典型树立起来之后，就要教育群众虚心向先进人物学习，逐步形成一个支持先进、尊重先进、争当先进、赶超先进的好风气。学习典型人物，学习先进集体，主要是学习他们高尚的精神、崇高的品质，以激励自己的进步，而不只是简单地模仿，搞形式主义。

第三，除了学习社会上的先进典型之外，还要在各级各类学校树立自己的先进典型，如先进教育工作者、模范教师、先进班集体、优秀学生等，这些典型教育针对性强，对学生具有更好的教育效果。因为这些先进典型就在他们身边，先进典型的言论与行动，他们听得着、看得见，对他们更具吸引力、更有实效性。

（5）行为规范养成法

学校思想政治教育的实践证明，思想政治教育不能仅仅停留在口头上，必须落实在行动中，既要重视思想认识上的教育，又要重视行为规范的养成。学生的好思想、好品德、好习惯，不是依靠单纯的"说教"、简单的"灌输"或自上而下的行政命令就能形成的。还必须在日常生活、学习和社会活动、交往过程中，用人们共同遵守的基本行为规范和社会公德、职业道德、家庭美德来启迪与引导，使学生中不文明的习惯转化为文明习惯，使非道德行为转化为道德行为，从而提高学生的思想、政治、道德素质。

行为规范养成教育的内容与形式是多种多样的，如倡导校园文明、班组文明宿舍文明的养成教育，这种教育包括引导学生自觉地遵守校规校纪。在行为规范养成教育过程中，教师的模范行为极为重要，身教重于言教。要学生不要随地吐痰乱丢果皮，教师就要身体力行；要学生不讲脏话，做到语言美，教师就要以身作则。只有言传身教、表里如一，才能形成高尚的师德情操，这对学生的好思想、好品德的养成具有积极的引导作用。

（二）学校思想政治教育方法的作用

方法的价值在于它特有的功能和作用。学校思想政治教育方法的中介性质，决定了它是联系教育主体和教育对象的桥梁，其作用主要表现在以下方面：

1. 学校思想政治教育方法是本学科理论的重要组成部分

思想政治教育学科是一门理论性和应用性都很强的学科，而且教育对象是人，重在以理服人，解决人的思想问题。这就决定了学校思想政治教育理论应具有很强的系统性、逻辑性和相当的理论深度，能够深刻揭示人的思想变化发展规律和教育规律。同时，思想政治教育的目的决定了其不能成为纯理论学科，要认识、改造思想政治教育的客体，要把深刻的思想和科学的理论，转化为现实的可操作的方式方法，来实现思想政治教育工作的目的。正是这个特点，使得思想政治教育学科有着很强的理论性，而作为教育实践则有着很强的应用性与实在性。两者在思想政治教育学科内部形成了一种张力——理论有转化为方法的需要，实践要求有理性方法的指导。

现代思想政治教育工作尤其如此，决不能随心所欲，或凭主观意志办事，必须尊重科学规律，讲究科学方法。一句话，现代思想政治教育工作方法论在思想政治教育学科体系中具有不可或缺的重要地位和作用。深入思想政治教育学科内部就不难看到，现代思想政治教育工作方法论的具体作用有两个重要方面：其一，将思想政治教育学的理论、规律和原则，向现代社会实践中可操作、可具体应用的方法转变，使理论得以正确运用，这是实现思想政治教育工作目的的关键一步。其二，将各种各样、分散凌乱的传统的和现代的思想政治教育工作方法、经验做法进行了分析、提升和凝练，不但明确了各种方法的理论基础和应用范围，还明确了各种方法之间的内在联系，建立起了一个方法论体系。这套方法论体系解决了在思想政治教育过程中，教育规律与人的思想形成变化规律有机结合的问题，解决了思想政治教育过程中的程序问题以及在每一环节、每一阶段应当应用什么方法和如何应用的问题。

2. 学校思想政治教育方法是完成思想政治教育任务的必要条件

任务决定方法，方法为任务服务，方法的科学与否直接决定教育的成效。学校思想政治教育的任务就是要把一定社会或阶级的思想政治观念、道德原则规范，凝结在教育对象的身上，转化为他们具有稳定性特征和倾向性的思想道德品质。这个转化的途径和条件，就是针对教育对象的具体状况，实施正确、有效的教育方法。不实施正确、有效的思想政治教育方法，就不可能完成学校思想政治教育的任务，也无从发挥学校思想政治教育的作用。否则，学校思想政治教育的任务就会仅仅停留在口头上，不能达到对教育对象实施教育的目的。正因为如此，学校思想政治教育方法是连接教育者和教育对象的桥梁，是完成教育任务必不可少的条件。

3. 学校思想政治教育方法是影响思想政治教育内容的重要手段

在学校思想政治教育活动中，思想政治教育方法、手段和途径的选择，应该根据教育内容的差异而有所不同。同样，要使学校思想政治教育的内容对教育对象产生影响，也必须借助正确、恰当的思想政治教育方法，使这些内容和思想政治教育对象的实践联结起来。否则，再好的教育内容也无从对教育对象产生实质性影响。可见，科学的方法能揭示教育对象的思想实质和思想特点，揭示教育所处的具体环境对思想政治教育的影响，指示着教育实践的目的性和教育内容的层次性。因此，学校思想政治教育方法是影响思想政治教育内容的重要手段，为思想政治教育的方向提供了条件和保证。

4. 学校思想政治教育方法是影响思想政治教育效果的关键因素

学校思想政治教育目标的实现和任务的完成，要通过有效的思想政治教育，而有效的思想政治教育只有用有效的方法才能实现。在学校思想政治教育中，不同教育主体之所以对同一对象的教育产生不同的效果，主要原因在于他们掌握的思想政治教育手段、方法和艺术存在差异。要获得较好的教育效果，就必须根据教育对象的个体差异和外在环境的变化遴选出不同的教育方法，并在此基础上，综合运用各种教育艺术，把教育内容自然地渗入教育对象的头脑中，激发教育对象进行实践的愿望，让他们在实践中加以巩固，使之成为其稳定性和倾向性的思想道德品质。因此，思想政治教育方法是影响学校思想政治教育效果的关键因素。

5. 学校思想政治教育方法有助于受教育者接受教育内容并形成影响力

思想政治教育内容在本质上是特定国家或集团意志的具体体现，尤其是其中有关该社会统治思想和制度秩序合法性的教育内容，提升受教育者社会道德意识的教育内容等更是如此。这就决定了思想政治教育内容与受教育者从自身满足和发展的需要出发，在特定认识水平的基础上选择接受动机取向，总是存在一定的差距。缩小广大受教育者需要与思想政治教育内容的差距，使其能在知晓的基础上，全面感知和体验教育内容的合理性和价值性，并自觉内化为自己的价值观和信念，再外化为自觉的行为，进而形成对人和社会的影响力，既是思想政治教育工作的根本任务和存在的价值，也是任何时代和国家的思想政治教育工作面临的最大难题。

因为受教育者自主选择和接受思想政治教育内容的动机相对较弱，所以化解这一难题的根本途径就是寻找合适的载体和方法，促进思想政治教育的内容向不同层次的受教育者广泛而有效地传播，推动受教育者自觉或不自觉地接受其影响。因此，作为传播和承载思想政治教育内容的重要工具，学校思想政治教育工作方法应随着时代的变迁和发展而不断发展和创新，发挥出传播思想政治教育内容的更好作用和效果。离开了学校思想政治教育工作方法，思想政治教育内容既不可能自动向受教育者的思想和行为转化，也难以发挥影响学生思想和行为进而影响社会的作用。

二、学校思想政治教育方法创新的原则

创新不是无源之水、无本之木。创新必须是建立在过去经验和成果基础上的继承与发

展。创新的过程，是对思想政治教育的规律性进行认识和把握的过程，而认识和把握思想政治教育的规律，又是对过去的经验和成果进行分析与总结的结果。

也就是说，创新是学校思想政治教育的必由之路，但是创新不是随意的、盲目的，而是要根据思想政治教育的环境、条件、对象的变化，遵循思想政治教育的规律和原则的创新。

（一）科学性原则和疏导结合原则

传统的以灌输为主的思想政治教育方法，越来越不符合社会发展的要求，也越来越难以被教育对象接受。因此，在当前的学校思想教育方法实践中，哪些方法应该弘扬，哪些方法应该舍弃，哪些方法应该发展创新，其判断的标准在于它是否符合科学性的原则。

疏导结合原则是学校思想政治教育工作的一条重要原则，体现了思想政治教育工作"合目的性"和"合规律性"的统一。"疏"的要求是从人们思想实际的发展趋势出发，以相信群众、依靠群众为出发点，采取百花齐放、百家争鸣的方针，放手让各种意见和观点充分表达出来，经过观察和研究，做出引导的决策。"导"的要求是在疏通的基础上，对正确的意见和思想观点，旗帜鲜明地表示肯定和支持，促进其进一步发展；同时，对错误的意见和思想观点，通过民主讨论、说服教育、批评与自我批评的方法，以理服人、化消极因素为积极因素。因此，疏通与引导的关系是密切联系、不可分割的关系。可以说，疏通是解决问题的前提，是引导的必要准备；引导是疏通的必然继续，是疏通的目的所在。

（二）自我教育原则

自我教育原则就是通过反省、反思、自我思想改造等自我修养途径，提高思想道德水平、理性思考水平；通过自我约束、自我控制和自我管理途径，增强把握正确方向的能力。我国著名教育家叶圣陶曾说过："教育的目的就是为了不教育"，这里的"不教育"可以理解为自我教育。自我教育是衡量教育是否有效的一个标志，又是思想政治教育最终落实的归宿。自我教育之所以重要，是因为人们的主体性加强了。社会处于开放的状态，人们的选择性扩大了，社会的规范性增强了，这些都为人的主体性增强提供了条件，也对自觉自律提出了更高的要求。

开展自我教育，一是要把个体自我教育与集体自我教育紧密结合起来，在激发和引导受教育者自觉开展个体自我教育的同时，着力组织和指导受教育者的集体自我教育，提高全体成员的思想道德素质。二是要把自我教育与接受教育紧密结合起来，切实加强对自我教育的激励和引导，引导受教育者确立高尚的人生理想，以激发起自我教育的愿望；引导受教育者了解社会思想品德规范的要求，使其掌握自我修养的标准；指导受教育者通过学习和实践，提高自我教育的能力，使其能够始终自觉按照社会要求严格规范自己，达到学校思想政治教育的目的。

（三）针对性和实效性原则

学校思想政治教育的方法创新，要坚持针对性和实效性原则。所谓针对性，就是针对具体人的具体思想实际，采取不同的思想政治教育方法。也就是使思想政治教育方法因人制宜，因时制宜，因地制宜，因事制宜，一把钥匙开一把锁，不搞一刀切。所谓实效性，就是即时效果或有用性，主要指方法的可操作性，在实践中的可行性，产生良好结果的可靠性。加强针对性是为了增加实效性，只有加强针对性才能切实改变受教育者思想状况，提高其思想觉悟水平，收到思想政治教育的实效。

实效性原则要求学校思想政治教育者具有高度的责任感，在实施教育的过程中不断根据实际效果，坚持运用已经被实践证明是正确的方法，纠正或修正在实践中被证明是错误的方法，以达到最终的教育目的。是否具有实效性是检验思想政治教育方法成功与否的根本标准，没有实效性或实效性差的思想政治教育方法，无论如何也算不上是成功的思想政治教育方法。总之，坚持实效性原则，选择正确的方法，争取最佳效果，是提高思想政治教育质量的必然选择。

（四）循序渐进原则

循序渐进，就是按一定的顺序、步骤逐渐进步。也就是说，人们对客观事物的认识，有一个由简到繁、由低级到高级、由直观到抽象的循"序"过程，人们对任何事物都不可能一步达到对其本质的认识。人们思想认识的形成过程，往往也是从浅层次的心理感受层面，提升到思想体系和世界观层面的过程。对学校思想政治教育来说，坚持由表及里、由浅入深的循序渐进原则，不仅体现在教育方法的创新中，还涉及课程内容设置的循序渐进，其核心问题就是要考虑到受教育者的心理承受能力和知识结构的接受能力。就教育方法的创新来说，作为教育者，首先要考虑教育的意图、观点和理论，在多长时间、多大范围、多深程度上能够被受教育者接受，而不会引起他们心理上产生紧张、恐慌、厌倦或对立的情绪。

为了解决学生的实际问题，需要主动深入到学生之中，了解和掌握他们的心理需求及学习等实际情况，及时把握他们的思想脉搏和动向，围绕学生的思想实际开展思想政治教育。把党和国家的路线、方针、政策的宣传教育，与社会的发展以及学生个体的发展和利益结合起来，采取循序渐进、寓教育于"无形"的方式，即寓教育于活动中与管理工作的过程中，通过感情感染，动之以情，晓之以理，由情入理，激起学生心理层面的激荡，在思想政治教育的氛围中解决问题。就课程内容的设置来说，坚持循序渐进的原则，就是既要考虑到受教育者的知识结构状况，又要考虑不同课程内容之间的逻辑关系。因为每门课程自身内容有一个内在逻辑结构，不同课程之间也有一个内在逻辑结构问题。

（五）方向性和与时俱进原则

方向性原则也称目标性原则，指决策者在决策中必须有明确的目标和方向。学校思想政治教育方法坚持方向性，就是坚持社会主义方向，坚持共产主义的远大理想和目标。没有方向性的坚持，思想政治教育的方法创新就会迷失方向，偏离目标，导致整体上的失败。但是坚持方向性，不是僵死地固守现有的条条框框，而应与时俱进，同不断发展的社会实践紧密结合。

与时俱进是指准确把握时代特征，始终站在时代前列和实践前沿，始终坚持解放思想、实事求是和开拓进取，在大胆探索中继承与发展。坚持与时俱进原则，就是说在学校思想政治教育中，要适应时代的发展和外界的变化，及时调整和补充思想政治教育内容，转变思想观念，采取积极行动，达到思想政治教育的目的。也就是说，掌握方向性和与时俱进原则，才能使二者紧密结合融为一体，因为方向性是坚持与时俱进的方向性，而与时俱进则是在坚持方向性的前提下的与时俱进。

（六）系统性原则

系统性原则也称整体性原则。从管理学的角度看，系统性原则要求把决策对象视为一个系统，以系统整体目标的优化为准绳，协调系统中各分系统的相互关系，使系统完整、平衡。从教学论上讲，系统性原则要求教学必须循序、系统、连贯地进行。坚持系统性原则创新教育方法，必须从系统的整体出发，既要考虑教育对象的思想特点与需要，又要考虑思想政治教育任务和内容的要求，还要考虑教育队伍的状况和客观环境的变化。就教育内容而言，进行思想政治教育，要让教育对象知道某些概念、原理以及整个思想体系的创立背景和适用范围。任何断章取义的引用，或生搬硬套、生拉硬扯，都是唯心主义的、非科学的；而无视新情况、新问题的出现，一味地照本宣科，则是教条主义的、不可取的。

就教育对象而言，由于学生所学专业不同、年级不同，其思想发展状况也不平衡，在实施思想政治教育时不能搞"一刀切"，而要根据不同教育对象的思想状况和具体特点，有选择地运用合适的方式开展教育。思想政治教育是系统工程，在开展思想政治教育时，不仅要从整体来把握，而且要从个体入手，根据不同的教育对象和不同的问题，不断寻找新的角度，适应不同对象的思想特点，灵活机动地采用各种教育方法，充分调动教育对象的思想感情，形成教育者与教育对象之间的双向互动，从而增强思想政治教育的效果。

此外，学校思想政治教育方法创新还要遵循激励性原则、实践性原则、前瞻性原则等。这些原则体现了时代气息，反映了思想政治教育对象的思想新特点。只有掌握并坚持这些原则，才能真正做到思想政治教育方法的创新，也才能更好地增强思想政治教育的针对性和实效性。

三、学校思想政治教育方法创新的策略

当前，学校思想政治教育工作必须结合思想政治教育的特点、规律和科学技术的进步，改变传统的"一支笔，一张嘴"的单一模式，克服那种只讲大道理的传声筒式的教育方法，在课堂讲授、实践环节、多媒体教学、网络运用等方面要不断改进，通过多方齐抓共管，营造和谐发展的氛围。同时，学校思想政治教育工作还必须适应社会发展的新形势，摒弃不合时宜、不切实际的做法，既注重运用传统方法，又注重运用互联网等现代方式；既注重师生民主合作原则，又注重课内外教学活动相结合原则，不断增强思想政治教育的感染力和有效性，从而达到学校思想政治教育的最佳效果。

（一）适应新时代发展要求，传承和改革传统思想政治教育方法

传统的思想政治教育方法都曾发挥过巨大作用，有些方法至今仍具有强大的生命力。但是，如果把传统的思想政治教育方法简单地套用到当代思想政治教育实践中去，则不会受到学生的欢迎。因此，必须对传统思想政治教育方法进行创新，赋予其生机和活力，使其适应时代的要求。

第一，理论教育法（灌输方法）是传统思想政治教育的基本方法，在思想政治教育中发挥了巨大的作用，现在却受到了质疑。有人认为，中国社会已经发生了巨变，特别是学生掌握了较高的基础知识和理论水平，有相当的时间、精力和能力从事理论学习和研究，灌输无论在时间上还是空间上都已过时，应以"独立思考""自我教育"来取代。也有人认为，对有较高文化的学生不宜再用灌输方法，而应以其他方法来代替。这些认识不无道理，但却是片面的。当然，灌输方法确实存在教条化、命令式、满堂灌的弊端，但其优势也是不可忽略的。因此，必须赋予学校思想政治教育方法新的生机和活力。

学校思想政治教育灌输方法的创新，应从以下三个方面进行：一是转变灌输理念。改

变传统思想政治教育中教育者为中心的观念，而代之以受教育者为主体的观念，变单向灌输为双向互动式灌输，变强硬命令式灌输为疏导启发式灌输。鼓励学生充分发表自己的观点和看法，倾听学生的呼声和意见，使思想政治教育过程成为教育者和受教育者双向交流、互相学习的过程。二是更新灌输的内容。既要灌输马克思主义基本原理，更要灌输创新的理论内容。灌输的内容应与时俱进，富有时代特色和现实感召力，有助于解决学生的思想和实际问题。只要灌输的理论能够代表时代前进的正确方向，就一定会收到好的效果。三是创新灌输手段。不仅要通过传统的思想政治教育途径来灌输，更要大力提高灌输手段的现代化水平和信息化程度，充分利用报刊、广播、电视、网络等现代化传媒手段，形成多层次、全方位的灌输网络系统。

第二，典型教育法（榜样教育法）也是传统思想政治教育的基本方法，在思想政治教育中收到了良好的教育效果。传统思想政治教育非常重视树立先进典型的方法，榜样的力量是巨大的，每一个时代都有典型人物。在当代社会，应该运用与时俱进的眼光，重新树立典型的标准。

典型应该具有永恒的意义，富有人情味和符合人性，典型不应该不食人间烟火脱离广大人民群众的思想实际。而要让人们看到，典型人物就生活在自己的身边，每个人都可以学习典型。除了树立那些具有共产主义远大理想的人物为典型，还应多宣传那些身处逆境，仍自强不息、顽强进取的人物，那些表现了人类精神光辉的典型人物。我们要把典型教育法赋予时代特征，使其符合时代要求，以期达到学校思想政治教育的最佳效果。

（二）借助网络新媒体技术，实现学校思想政治教育手段创新

在经济全球化、政治多极化、社会信息化、文化多样化的时代大背景下，传统的说教式、灌输式的教学模式已不能适应时代的发展。借助信息网络新媒体技术实现学校思想政治教育手段的创新就成为一大趋势。现代网络新媒体高超的技术特性，是传统思想政治教育的技术和手段无法比拟的。它能随时随地地将文本、声音、图像、电视信息传递给设有终端设备的任何地方、任何人，网络中的每个人既是信息的接受者，又是信息源的提供者，这为新时代学校思想政治教育提供了一片崭新的天地，也带来了难得的创新契机。可以说，在信息全球化的今天，过去那种"嘴喊、腿跑、手抄"的体能型模式，"以时间换空间"的思想政治教育模式，已远远落后于时代的发展要求。充分利用网络等新媒体技术，实现学校思想政治教育方法的现代化，就成为时代发展的必由之路。

1. 利用现代高科技手段，促进学校思想政治教育方法的科学化

作为思想政治教育的有效载体，广播、电视、报纸、报刊在思想政治教育工作中发挥

了巨大的作用，今后我们还应充分发挥这些传统的大众传媒在唱响主旋律、营造工作氛围方面的重要作用。信息网络技术的迅速发展，为学校思想政治教育工作方式方法的创新提供了现代化的手段，拓展了学生思想政治工作的空间和渠道。但是开放的网络是一把"双刃剑"，网上既有大量科学、进步、健康、有益的信息，也有许多迷信和伪科学的内容。因此，我们要加强对信息的网络监管和利用，使其提高时效性，扩大覆盖面，增强影响力。

（1）充分认识网络功能的时效性，实现学校思想政治教育方法创新

网络时代对思想政治教育提出了更高的要求，要实现学校思想政治教育方法的创新，必须注意以下几点：首先，更新观念，充分认识网络功能的时效性，以开放的心态正视互联网所带来的挑战，努力掌握网络知识；其次，利用网络，把握受教育者的思想脉络及其规律；再次，运用网络，构建具有鲜明马克思主义观点的思想政治教育网站系统，大力开发思想政治教育软件，使之成为思想政治教育的重要渠道；最后，利用网络多媒体技术，使思想政治教育内容化抽象为具体、化枯燥为有趣、化难为易。

（2）充分利用网络多媒体的交互功能，积极开展网络学校思想政治教育

计算机多媒体技术可以把抽象变成形象，一切都充分展现在教育对象面前，使事与理、情与理、形与声、形与神等有机地交融在一起，以丰富多彩、生动活泼的形式，给思想政治工作对象留下鲜明清晰的视觉印象，从而增强工作的吸引力和感染力。此外，可以尝试将思想政治理论课开办到网上，或制作生动直观的多媒体教育软件，直接在网上开展思想政治教育课程。

学校思想政治教育工作者必须努力掌握高科技技术，充分利用高科技技术，才能更好地完成思想政治教育任务。必须高度重视、充分研究、迅速占领和利用好网络这一阵地，开展网上讨论、网上问答、网上授课、网上谈心，开发思想政治教育理论软件，使网络成为思想政治教育的主阵地。另外，要加强网络法规、网络道德、网络文化的研究和建设，有效防范和打击网络犯罪，努力营造一个网络顺利、安全运行的优良环境，发挥网络思想政治教育的作用。

2. 运用现代网络媒体阵地，拓展学校思想政治教育形式

运用现代网络媒体阵地，有效开展多种多样的思想政治教育，关键在于思想政治教育工作者需要及时转变教育观念，紧跟时代发展的脚步，善于掌握新技术，适应信息时代发展的需求。网络的出现和发展，是信息时代发展的必然结果。网络所形成的是一个具有开放性技术架构的生存空间，正如互联网的关键概念在于，它不是为某一种需求设计的，而是一种可接受任何新的需求的总的基础结构。正是由于网络基础架构的开放性和人的需求

的无限性，激发着人们不断创造出新的网络应用技术。而每一种网络技术的广泛应用，都会形成一个由网络技术媒介与相应的用户群体以及信息内容组成的微观信息系统。这些微观信息系统，实际上就是一个新的思想政治教育场域。随着网络技术的不断创新和发展，这些新的场域也处在动态的发展变化之中。

因此，在这个新的技术革新浪潮时代，思想政治教育工作者必须具有前瞻意识，把握科技创新的时代脉搏，主动发挥每一种新的技术力量的教育价值，实现对技术应用的积极引导和网络教育场域的主动营造，这是当前学校思想政治教育工作发展的正确选择。

（1）注重把教育理念和价值观念渗透到校园网络文化的建设之中

学生群体是一个同质性很强的特殊社会群体，他们在年龄、心理特点、兴趣爱好、行为方式等方面都比较接近，有着较为一致的文化需求，校园文化正是学生文化生活需求的反映。作为应对社会大众文化冲击的一种"防卫性反应"，鼓励学生在网络空间上积极建设校园网络文化，在校园网络上建构出自己的学习、生活和交往场所，创造和发展着属于自己的网络精神文化空间。作为学校思想政治教育工作者，要主动参与和引导校园网络文化的建设和发展，把主流价值观渗透在校园网络空间中，增强学生在网络文化中的归属感和认同感，发挥学生们在校园网络文化建设中的积极性和创造性。

（2）注重把先进的思想文化渗透在技术创新和应用之中

互联网已经成为学生日常生活的重要组成部分，不断创新和发展的网络文化，对学生有着巨大的吸引力和影响力。互联网技术本身的开放、创新、共享、平等价值以及丰富多样的网络内容，是影响学生思想和行为发展的重要因素，他们对于网络文化有着浓厚的兴趣和积极接受的心理，并充满着创造崭新文化内容的积极性。因此，学校思想政治教育工作者应积极利用多媒体技术，充分发挥校园网络文化产品的吸引力，把先进的思想文化渗透到课堂教学和网络传播过程中。

3. 利用现代传媒技术，提升学校思想政治教育的实效性

如今，微信和QQ已成为人们交往的一种便捷方式，可以作为日常沟通交流的工具，弥补语言通话的不足，还可以传递新闻、服务信息，与广播、电视、互联网等其他媒体实现互动等。对于乐于追求时尚和潮流的学生群体来说，手机媒体已成为他们生活的重要组成部分；对于学校思想政治教育工作者来说，运用手机媒体的独特优势开展思想政治教育工作更是很好的办法。可以说，微信和QQ等社交媒体的兴起，极大地丰富了学生的业余生活，促进了他们的人际交流和沟通，但一些不良信息也严重影响着学生的健康成长。对此，学校思想政治教育工作者就需要趋利避害，有效利用手机媒体及网络平台，及时帮助学生自觉屏蔽不良影响，净化校园手机网络环境。

（1）创建学校手机微信平台，开展校园微信文化活动

手机微信平台是在思想政治教育中孕育而生的，它的诞生既有其偶然性，又有其必然性。各学校或学院团委、学生会、社团以及学生党支部，为了宣传各自的活动信息，建立了微信公众号，这就是学校使用微信平台的初始原因。这些微信公众号在发展的过程中，其凝聚力和影响力逐步提高，除正常的宣传活动外，更是逐步具有了学生舆情监控、思想引领的重要作用，对学校思想政治教育具有积极的意义。

开展校园微信文化活动，应加强以下几个方面的工作：一是组建校园微信创作队伍。选拔科学文化素质高、思想政治素质过硬的教师、政工干部、辅导员、学生干部等组成微信创作小组，编写、搜集科学健康、积极向上的微信，并在恰当的时间发送给学生。二是建立多层次的校园微信平台。建立以校级、院级、年级、班级为单位的手机微信平台，层层联动，保证短信平台覆盖学校每一位学生，取得校园微信文化的教育效果。三是建立校园微信数据库。微信创作小组可以根据微信内容进行筛选，挑选优秀的内容输入微信数据库，并及时更新微信内容，确保所有学生在特定的时间里，都能够收到校园微信平台发布的微信。

校园微信文化活动以创建文明健康的微信为宗旨，活动方式可以根据各学校的自身条件自主选择，如校园微信宣传活动、校园微信征文活动、校园微信创作比赛等。在校园微信文化活动的开展过程中，鼓励学生参与到校园微信的创作中来，对校园微信文化提出自己的意见和建议。通过自己动手编写微信，学生可以更加深刻地理解校园微信文化的内涵，更加自觉地接受校园微信文化的熏陶，从而有效地净化校园微信文化环境，提升学生的微信文化品位，使学生从根源上抵御不良微信的侵蚀，让不良微信失去生存土壤，发挥学校思想政治教育的育人作用。

（2）建立健全微信保障机制，促进校园微信文化发展的正确方向

为了保证校园微信的正确舆论导向，学校必须处于领导监管地位，建立健全保障机制，在此基础上有组织、有目的地给予学生组织及个人相应的管理权限。学校应加大对微信平台技术、设备维护的资金投入力度，强化微信在学校育人中的主动地位；应建立一套符合自身情况的保障系统，包括官方主管部门、舆情监管部门、学生舆情监控反馈体系等；还应辅以相应工作奖惩机制，以及工作能力和思想政治理论考核等。

校园手机微信平台的建立，有助于开展学校思想政治教育，加强对学生的教育和管理。但只有建立健全微信保障机制，才能保证微信平台在学校育人舞台上的顺利发展，达到事半功倍的效果。微信保障机制在传播校园微信文化的过程中，发挥着举足轻重的作用，是实现微信创新发展的坚强后盾，也是促进校园微信文化正确发展的有力保障。

（3）科学把握微信发布时机，取得学校思想政治教育的良好效果

在恰当的时机，一般是指重大节假日、重大社会事件的发生以及特定学生群体活动等，发布具有思想政治教育意义的微信，就会取得良好的教育效果，激发学生的学习热情和爱国情操。

在重大节假日发布节日祝福微信，将思想政治教育内容融入其中，可以使学生在接受节日祝福的喜悦中，积极地将思想政治教育的内容内化吸收。诸如在春节、端午节、中秋节等传统节日到来之际，学校思想政治教育者可向学生发送节日短信，在表达节日祝福的同时，将中华民族的优秀传统文化融入其中，让学生们增强爱国主义热情，倍加珍惜现在的幸福生活。

同时，国内外重大事件的发生也会引起学生的广泛关注，学校思想政治教育工作者应及时把握时机，及时发布相关信息，提高学生的思想认识。此外，在一些特殊时期，包括新生入学之际、每学期期末考试之时、毕业生择业之季，学生都面临着不同程度的压力或困惑，学校思想政治教育工作者可通过手机微信对学生进行即时疏导，因势利导，给予鼓励和宽慰，做学生前进道路上的知心人和引路人。

4. 占领网络教育制高点，把学校思想政治教育融入网络

现代网络的发展为学校思想政治教育工作提供了新的工作载体和手段，开辟了新的空间和新的渠道，是我们大力弘扬主旋律的主要阵地，所以学校思想政治教育必须积极占领网络教育的制高点。中国互联网信息中心发布的报告显示，在数以千万计的网民中，学生是最活跃的群体。互联网是一柄"双刃剑"，给校园文化传播带来便利的同时，也带来了丰富、庞杂的信息，这些信息极大增加了学校思想政治教育工作的难度。不少学生把网络作为在校园中发表言论、交流感情的主要场所，这对他们的学习、工作、生活和思想观念产生着深刻的影响。网络使得学生的社会化程度得到很大的提高，但许多学生对网络的负面影响缺乏足够的认识。

（1）加大学校思想政治教育进网络的力度

一方面，要加强学生网络道德教育，加强国家有关互联网管理的法律法规的宣传教育。制定学生互联网道德规范，开展学生健康上网自律承诺活动，自觉遵守网络道德，告别不健康网吧。另一方面，要建好学校德育、教育网站。要密切关注和研究信息网络发展的新动向，善于运用网络开展工作。

（2）在校园网上开设学校思想政治教育网站

充分利用校园网络，开设网络互动栏目，开展互联网知识竞赛、网页设计竞赛等活动，用正确、积极、健康的思想文化充实和占领网络阵地，不断提高思想政治教育网站的

点击率和影响力，让学校思想政治教育内容在"进教材、进课堂"的基础上"进网络"，拓展思想政治教育的渠道和途径。充分利用校园网络平台，给学生提供一些与国家、民族或学生自身利益息息相关的热点问题，让他们积极参与讨论，增强学校思想政治教育的针对性和实效性。

（三）借鉴其他学科和外国方法，优化学校思想政治教育方法

思想政治教育是一门跨学科多领域的边缘交叉科学，它必然也应该吸收这些学科领域的方法。例如，学校思想政治教育吸收心理学的心理咨询方法，可以回答人们思想心理中存在的问题，对医治心理和思想疾病，能够起到很好的思想政治教育作用。学校思想政治教育吸收法学的制度管理方法，可把思想政治教育与制度的规范、激励、约束结合起来，在制度基础上解决人们的思想问题，通过健全制度来巩固思想政治教育成果，推进思想政治教育制度化建设，建立适应时代发展的良性运行机制，使思想政治教育有法可依，有章可循。学校思想政治教育还应该借鉴和吸收伦理学的品德修养方法，行为科学的激励方法，人才学的人才发现和培养方法，教育学的教育方法，管理学的管理方法等，它们都为思想政治教育方法创新提供了源泉。学校思想政治教育工作者要把这些学科领域的方法整合创新为思想政治教育方法，以达到思想政治教育方法的优化。

（四）健全思想政治教育系统工程，加强学校思想政治教育力度

思想政治教育是一项系统工程，如果按其所涉及的社会范围和社会途径来划分，则包括家庭教育、学校教育和社会教育三个方面。因为一个人的成长过程，要受到家庭、学校、社会等多方面的影响，三者构成了思想政治教育的一个复杂的综合系统。因此，要加强学校思想政治教育，需要学校为学生提供和谐有序的校园环境，同时家庭与社会也要为思想政治教育创造良好的外部环境，才能调动学生对思想政治教育的积极参与和自我教育。

第一，家庭教育是思想政治教育的第一要素。家庭是社会的细胞，是个人成长的摇篮，也是个人出生后的第一所学校，父母则是学生的第一任老师。父母的思想、言行和关爱，对子女良好思想、品德的养成具有巨大影响。"孟母三迁""岳母刺字"的故事，说明了家庭教育的重要作用；养不教，父之过的教诲，也说明家庭教育的重要意义，因为家庭教育对学生以后的成长起着不可估量的作用。

第二，学校教育是思想政治教育的最大因素。学校是有目的、有计划、有组织地向受教育者传播社会规范、道德观念、价值观念以及各种知识技能的场所。在这里，受教育者

要掌握一定的知识技能，掌握谋生的基本本领，也要塑造完美的人格，锻炼健全的体魄，为踏入社会做好精神上的准备。学校教师对学生的影响是最大的，因为学生的大部分时间是在学校里度过的。为此，教师不仅要传授知识，而且要以自己的行为和情感影响学生，在思想上、政治上、生活上关怀学生，从而建立起深厚的师生情谊，这对学生养成好思想、好品德能起到潜移默化的作用。

第三，社会教育是思想政治教育的必备元素。社会教育是学校教育的重要补充，学生思想政治素质的提高，离不开社会各界的关爱。良好的社会教育有利于对学生进行思想政治教育。教师可以根据学生的爱好，有意识地引导他们参加校外教育机构的专门活动，使学生在自己爱好的活动中施展才华、发展特长、增长聪明才智，进而独立运用自己的知识和智慧去发现问题、分析问题、解决问题，为学生的全方位发展提供一条新路。因此，社会教育对广大学生的成长成才来说，具有极其重要的现实意义。

第二节　新时代思想政治教育工作队伍建设创新

一、强化合作意识，统筹多维力量，形成思想政治教育合力

党政齐抓共管，相关部门和人员紧密配合，形成思想政治教育合力，是党的思想政治教育的宝贵经验。中国共产党刚刚成立时，中央组织机构尚不健全，但却设立了组织与宣传部门，负责领导对工人的宣传组织工作，并发挥了重要作用。建立健全相应的组织机构和职能部门，党政工团齐抓共管，专业队伍与群众队伍紧密配合，形成思想政治教育合力，是思想政治教育顺利开展和取得成效的重要保证。

学校的根本任务是立德树人，培养社会主义现代化建设的合格建设者和可靠接班人，思想政治教育在完成这一根本任务中负有重要的历史使命。学校思想政治教育是综合性较强的工作，学校思想政治教育能否完成这一历史使命，履行学校思想政治教育的社会责任，关键在于能否形成学校思想政治教育合力。学校思想政治教育的力量分散了，就会减弱学校思想政治教育的效果；学校思想政治教育的合力增强了，就会大大提高学校思想政治教育的整体效应。

思想政治教育队伍是加强和改进学校思想政治工作的组织保证和人才支撑。学校能否形成思想政治教育合力，实际上取决于学校思想政治教育队伍能否与社会、家庭以及队伍内部之间紧密协调、相互配合、相互作用。过去，学校思想政治教育在封闭的环境中进

行，缺乏系统的思想和合作的意识，往往依靠学校思想政治教育队伍自身的力量"单打独斗"，显得势单力薄，效果有限，甚至往往自身的工作努力和成效被校内外其他方面的因素所抵消，局面十分被动。因此，学校在推进思想政治教育队伍建设的进程中，应该强化合作意识，统筹多维力量，注重加强校内外的合作与整合，形成巨大的学校思想政治教育合力。

学校思想政治教育要致力改善学校内部环境，统筹校内多维力量，推进教书育人、服务育人、管理育人相结合，形成学校内部思想政治教育的合力。学校思想政治教育工作系统具有显著的整体性特征。它虽然是由诸多要素共同组成的，而且目标、内容、教育者和教育对象等要素都具有自身的功能，但其最佳效果的形成并不是各要素功能简单相加就可以达成的。只有在服从学校思想政治教育整体目标和功能的前提下，充分调动各组成要素的积极作用，并使其密切配合，协同运作，才能共同形成育人的合力，并取得整体最优的效果。具体来讲，就是要动员整合学校内部各种力量，形成教书育人、管理育人、服务育人相统一的全员育人、全程育人和全方位育人的大格局。

首先，学校思想政治教育队伍内部要协调配合。学校思想政治教育队伍是一支由学校党政干部和共青团干部、思想政治理论课教师和哲学社会科学课教师、辅导员班主任和心理咨询教师等组成的专兼职结合的综合性队伍，开展学校思想政治教育工作，任何一支力量单兵作战都是不科学的，都不能达到思想政治教育的综合效果。学校思想政治教育队伍内部分工明确，有着各自的工作职责：党政干部和共青团干部负责领导、组织、协调，宏观把握工作，思想政治理论课教师和哲学社会科学课教师负责对基本理论、知识和党的路线、方针、政策的传递和培养，是一种显性教育，而辅导员班主任和心理咨询教师主要负责日常的思想政治教育工作，在对学生活动的组织中、生活的关怀中、就业的指导中展开工作，产生一种潜移默化的影响。但是在合理分工的基础上，学校思想政治教育队伍内部必须密切配合。如果学校思想政治教育队伍内部缺乏合作，缺乏信息与资源共享，就不能形成思想政治教育合力，有时还会相互抵消冲突。如有的辅导员对学生的思想政治教育不够重视，经常在思想政治理论课时间安排一些学生来办公室做其他事；有一些党政干部名义上属于思想政治教育队伍成员，但从来都将自己的工作定位于普通的行政工作和管理工作，将自己的工作对象定位于老师而不是服务学生，而思想政治理论课和哲学社会科学课教师同样也是将自己定位于课程教学与科研，对学生课外的思想政治教育行为一概不关心，认为那是辅导员班主任的事。事实上，离开思想政治教育队伍之间的密切配合，是做不好学生思想政治教育工作的。如学生思想上的一些难点问题仅靠辅导员自身的力量是难以有效解决的，必须充分借助思想政治理论课教师的力量，发挥他们在理论教育方面的优势。同时，辅导员可以发挥自身与学生联系密切、能及时了解学生思想动态的优势，收集、整理有关信息并提供给思想政治理论课教师，共同帮助学生进步。所以，在学校思想政治教育队伍建设的过程中，要充分考虑到队伍内部各支力量的优势和不足，进行资源合理优化配置，促进这几支力量相互配合、相互作用，形成巨大的思想政治教育合力。

其次，学校从事思想政治教育工作的部门之间要协调配合。学校思想政治教育是一项牵涉学校多个部门的集体性工作，必然需要多部门密切配合，形成思想政治教育合力。学校的思想政治教育工作通常由党委宣传部、团委、党校、学生处、教务处和工会等单位共同来完成。学校中的马克思主义学院负责理论教学，这是思想政治教育的重要途径。其他的思想政治教育放在学校党团工作、辅导员工作、教学育人、管理育人、服务育人、课外活动和社会实践中来实现。显而易见，学校思想政治教育各部门密切协同，形成合力，方能有效。但是，从目前情况来看，在形成合力共同推进思想政治教育方面，学校做得还不够，存在力量分散的问题。

再次，学校思想政治教育队伍和其他教职工队伍之间要协调配合。学校承担着培养德智体美劳全面发展的社会主义事业的建设者和接班人的重任，其中德育处于首要的地位。思想政治教育队伍是学校思想政治教育的主力军，但不是唯一力量。其他专业课教师、行政管理人员、教学辅助与后勤人员均承担着结合本职工作开展思想政治教育的任务。学校其他专业课教师、行政管理人员、教学辅助与后勤人员虽然从事的工作内容不同、形式各异，但是在根本目的上是统一的，在教育方向上是一致的，都是为学生成长成才服务。如果学校教职员工认识不到这种一致性，传播错误观点，必然削弱甚至抵消思想政治教育工作者的教育成果。学校思想政治教育工作是一项系统工程，需要调动各方面的资源和力量形成合力，构建整体性思想政治教育工作模式。构建这一工作模式，需要调动学校教职工参与思想教育工作的积极性，学校必须进一步增强全员育人的意识，采取积极的政策导向，对教师参与思想教育工作进行科学合理的评价考核，及时表彰和奖励思想教育工作的先进典型，还可以在职称评定、津贴评定等过程中充分体现思想教育工作的价值比重，吸引广大教职工参与思想政治教育工作，充分调动其积极性和主动性。

学校部门和各类人员之间协调配合，形成思想政治教育合力，实现"全员育人、全程育人、全方位育人"的思想政治教育工作格局，首先要明确各部门和各类人员的职责与分工。分工与合作相辅相成，各部门各类人员之间合理的、明确的分工是合作的基础。在学校，几乎所有部门和人员都会与思想政治教育工作队伍发生联系。对学校思想政治教育队伍而言，他们的职责是比较明确的；对于学校思想政治工作部门而言，在涉及教学业务、思想教育、后勤服务等大的方面的分工是明确的，模糊不清往往发生在具体的、交叉的方面或职责规范的空白点。要改变这种状况，就需要在学校的领导下，划分清楚各部门、人员的责任与任务，规范相关事项沟通与协商的工作程序。其次，要设立协调机构，来协调学校思想政治教育系统各部门各类人员工作；要建立相关制度与配套措施，保证协调机构真正发挥作用，如建立定期的学生工作联席会议制度、工作监督报告制度和各部门之间信息沟通制度等。

学校思想政治教育除了要注重加强校内的合作与整合，形成学校内部思想政治教育的合力外，还应该努力改善外部环境，在党和政府的大力支持下，推进家庭育人、学校育人和社会育人相结合，改变学校思想政治教育是学校的"独角戏"的状况，从而形成学校外部的思想政治教育合力。

思想政治工作，各个部门都要负责任。共产党应该管，青年团应该管，政府主管部门应该管，学校的校长教师更应该管。这就是说，思想政治教育是全党的事情，是大家的事情，不能只靠政治机关和少数思想政治教育干部去做。把思想政治教育限制在狭隘的小圈子里，必然是冷冷清清，软弱无力，成效甚微，应当发动一切可以发动的力量，调动一切可以调动的积极因素。学校要以开阔的视野，充分整合全社会的人才资源，建立起一支为我所用的权威的资深校外专家队伍。这支资深专家队伍的来源可以是多渠道的，既可以是党政干部、科研机构和其他学校的专家学者、相关行业领域的资深人士，也可以是思想政治工作领域的行家。凭借这支资深专家队伍的专业优势、行业优势、阅历优势、经验优势等，可以从更广阔的视野、更高的层面、更深的思想深度，前瞻性地预测思想政治教育中可能面临的新情况和新问题，迅捷、有效地科学指导思想政治教育工作领域内的相关工作，规划和指导相关的工作队伍有效开展工作，从而使学校思想政治教育不管在什么情况下，面临怎样的复杂局面，始终应对自如、切实有效。

二、强化专业意识，健全选优机制，促进队伍职业化发展

思想政治教育是一项专业性极强的工作，思想政治教育工作者必须具有丰富的专业文化科学知识和较强的能力。建设一支高素质的思想政治教育队伍，是新时代加强和改进学校思想政治教育工作的内在要求和迫切需要，而专业化是学校思想政治教育队伍建设的必然选择和主要目标。思想政治教育队伍专业化是指思想政治教育教师通过专业训练、习得思想政治教育专业知识与技能，并在从业过程中，实施专业自主、遵守专业道德、不断提高专业素质的过程。

合理的知识结构是思想政治教育队伍专业化的前提。思想政治教育是综合性、实践性很强的工作，从事思想政治教育的每一位工作者都必须掌握丰富的知识，具备较强的

能力。

就知识结构而言，思想政治教育工作者要掌握扎实的专业理论知识。思想政治教育是政治性、实践性很强的科学，思想政治教育工作者必须具备扎实的思想政治教育学基本理论和党的大政方针方面的知识。同时，思想政治教育学是一门多学科交叉的应用性科学，它广泛吸收、应用与思想政治教育相关的心理学、教育学、伦理学、政治学、管理学等学科的理论成果，只有熟悉这些相关知识，具备专业知识，才能提高思想政治教育工作者的业务能力和专业水平。其次是要掌握广博的综合性知识。思想政治教育工作同经济工作和技术工作不一样，它是做人的工作，而人是有感情和意识的，这种感情和意识又是不断变化的，思想政治教育工作有着特殊的复杂性。要做好这项工作，不仅要有扎实的专业理论知识，还要了解经济学、美学、法学、历史学、逻辑学、语言学、文学艺术以及统计学、计算机、网络技术等方面的知识。

就能力结构而言，思想政治教育工作者应该具备较强的工作能力。一是思想政治教育工作者应该具备科学的管理能力。思想政治教育管理就其本身而言，管理的科学化是直接的、根本的目标。科学化的管理是规范化管理、制度管理和民主化管理的有机统一。规范化管理要求在思想政治教育管理过程中遵守科学的程序规范和方法规范，杜绝私人感情和片面因素，使思想政治教育这一系统工程能够协调有序地顺利进行。制度是管理活动正常运行的保障。思想政治教育解决的是人们心灵深处的思想认识问题，其主旨在于塑造人的思想道德品质。思想政治教育是否切实可行，能否取得预期效果，取决于思想政治教育管理的制度化。思想政治教育工作者只有发扬民主作风，坚持民主方法，虚心接受他人意见、建议，不搞"一言堂"，才能保证思想政治教育目标的实现。二是思想政治教育工作者要具备科学的预测和决策能力。思想政治教育是立足现实、面向未来的活动，其效果只有在将来才能得到体现。因此，强调科学的预测，强化思想政治教育决策的未来意识，有助于遵循人的思想活动发展规律，从而确定思想政治教育的目标并选择合理的实施方案。人的思想具有复杂性、可变性、突发性等特点，如果事先早有预见，就能够使决策更趋于合理，更具科学性，从而制定出科学的实施方案和具体措施，保证思想政治教育工作的正常发展。三是思想政治教育工作者要具备掌握高科技手段的能力。在现代科学技术，特别是现代网络信息技术对人类生产生活影响日益深刻的今天，思想政治教育工作者必须具备运用现代高科技手段的能力，能够熟练应用现代科学技术手段有效地完成思想政治教育任务。

思想政治教育工作的专业性及其对思想政治教育工作者的极高要求，决定了并非任何人都能从事这一工作、胜任这一岗位。因此，学校在配备思想政治教育队伍时要制定一整套选拔、考核的机制，严把入口关，要做到好中选优。这是保证思想政治教育队伍质量的前提，也是确保思想政治教育队伍可持续发展的必然要求。

第一，严格准入条件，确保选优配强队伍。思想政治教育工作是综合性很强的工作，要求思想政治教育工作者必须具备良好的思想文化素质和专精广博的业务素质。

一是明确意识，端正思想，认真鉴别思想政治教育工作者的能力素质。学校要牢固树立思想政治教育工作的首位意识，端正用人的指导思想，达到人尽其才、才尽其用，切实把政治觉悟高、综合能力强、热爱思想政治教育岗位的人才选配到思想政治教育队伍中来，不能有谁都能做思想政治教育工作的想法。通过选准配强思想政治教育工作者，推动学校思想政治教育工作持续稳步发展。

二是结合实际，因地制宜，制定思想政治教育不同岗位的选拔标准和条件。中华人民共和国成立以来，特别是改革开放以来，党和政府制定的关于学校思想政治教育的系列文件对学校思想政治教育工作者提出了原则要求，这是我们选拔思想政治教育工作者的基本标准。学校在坚持德才兼备的基本原则和政治强、业务精、纪律严、作风正的基本要求的前提下，要正确处理需要与可能的关系，根据学校思想政治教育队伍现状和不同类别人员的岗位职责要求，对标准进行细化量化，确定相应的准入标准和条件，选拔政治素质优、思想作风好、学历层次高、组织管理能力强，愿意做、善于做思想政治教育工作的人员来做思想政治教育工作。

对不具备资格或不符合从业条件者，一律不准进入学校思想政治教育队伍，避免什么人都可以做思想政治教育工作的泛专业和泛职业的倾向，严禁杜绝不讲专业和职业要求随进随出的现象。坚持入口的高标准，才能保证队伍的高水平。如果降低准入标准，只会造成思想政治教育队伍的恶性循环，不可能适应新时代学校思想政治教育工作的需要。

第二，坚持标准，公开选聘。学校思想政治教育工作人员的选聘，要在明确思想政治教育的岗位数量和岗位职责的基础上，通过选拔、引进、外聘等渠道，采取公开招聘等方式，经过笔试、面试和综合考核等过程，坚持条件，严把标准，实行竞争上岗，择优聘用，严把"入口"关，确保思想政治教育队伍的质量。严禁随意降低要求，更不能通过非正常程序，将不合格的人员安排进学校思想政治教育队伍。

第三，解放思想，扩大队伍来源。只有队伍来源广了，选择面宽了，才能"优中选优"，才能选准配强学校思想政治教育队伍。根据学校的实践经验，选拔人才、充实学校思想政治教育队伍，可以通过以下途径：一是从校内外选拔那些年富力强，具有坚定的共产主义信念，一贯坚持党的基本路线，坚定不移地走社会主义道路，具有较丰富的专业知识，热心于思想政治教育，敢于创新的干部，提拔到思想政治教育的领导岗位上来，并依靠他们加强思想政治教育队伍的建设。二是从校内外业务工作第一线的先进分子中选拔，这是充实基层思想政治教育干部的主要渠道。三是从相关专业（比如思想政治教育、教育学、管理学、心理学、社会学等专业）且符合条件的优秀毕业生中选拔人才，充实学校思想政治教育队伍。要做好这项工作，学校党委既要解放思想，大胆发现人才，又要严格把关，按组织程序，严格考核录用。

三、强化成长意识，加强培养培训，提高队伍综合素质

随着时代的发展和社会的进步，对思想政治教育工作者的素质要求也越来越高。一是中国特色社会主义进入新时代，思想政治教育无论面对的对象、所处的环境还是所承担的任务都发生了深刻变化，现实生活中出现了许多新情况、新问题，一些问题又比较复杂，单靠思想政治教育工作者个人的力量，难以把握住问题的关键和实质，难以妥善地把问题回答好、处理好，这在客观上要求加强对思想政治教育工作者的教育培训，通过培训，用权威的声音解答思想政治工作中普遍性的困惑，让思想政治教育工作者在培训中增进学习和交流，在学习和交流中探索新的思路和方法。二是在信息化飞速发展的互联网时代，互联网已经成为社会生活的一部分，广大的学校学生更是与互联网接触密切，从聊天工具到网页微博，从各种论坛到个人博客，网络已经成为学生学习、生活中不可或缺的一部分。网络的迅速发展为学校思想政治教育工作提供了新的方式和契机，也提供了广阔和丰富的教育资源。互联网已经成为思想政治工作的一个新的重要阵地。

学校思想政治教育队伍总体素质与新时代思想政治教育面临的形势和承担的任务还不相适应。学校思想政治教育队伍的大多数从业人员忠诚于党的教育事业，工作兢兢业业。但是我们也必须看到，这支队伍也存在着一些问题。突出表现为理论水平偏低、科学文化知识不高、工作作风不够扎实、工作本领不够过硬、工作方法不适当、现代信息技术技能较弱。虽然学校思想政治教育总体是有成效的，但是由于一些人还没有自觉地认识到思想政治教育是一门科学，没有从教育培训体制上解决思想政治教育人员的教育培养和提高的问题，导致一些思想政治教育工作者没有经过专业训练，专业基础知识薄弱，业务水平不高，在思想政治教育中不能自觉地按照教育对象的思想活动规律和思想政治教育规律去进行工作，还没有克服思想政治教育某些方面的随意性和盲目性。

与政府部门的定期、定人培训相比，学校是思想政治教育人才培养培训的主阵地。学校思想政治教育队伍的培养培训，应根据具体实际因地制宜地进行。思想政治教育工作者在工作一定时间后，要有计划分期分批送到其他层次比较高的学校脱产或半脱产进修学习，可以采用在职进修、专题学术研讨班、网上远程培训等学习方式；上岗前应结合他们

工作特点进行岗前培训；要注意通过交流、党政轮岗和挂职锻炼等多种途径丰富思想政治工作者的阅历，提高他们的实际工作能力；经常组织他们外出考察学习，开阔视野，丰富知识。总之，通过举办形式多样的培养培训，促使这支队伍及时更新知识、交流经验、扩大视野、提高理论水平和工作能力，以适应不断变化的新形势。

学校要做好思想政治教育队伍的培养培训工作，主要从以下几个方面着手。①学校职能部门要做好培训规划，提供政策保障和资金支持。②遵循培训规律，规范培训内容。就培训内容来讲，一是党的基本理论和创新理论成果。当前的理论学习中，要加强中国特色社会主义理论体系，特别是新时代中国特色社会主义思想的学习。二是各项专业知识，即业务知识的教育，同时加强心理学、教育学、伦理学、社会学、管理学等专业知识的培训。三是各类相关知识的教育培训，主要是培训中外历史、语言学、逻辑学、文学艺术、现代科学技术知识和现代信息技术。结合当前社会实际，尤其要加强社会主义市场经济知识和现代信息技术的教育培训，使思想政治工作者清醒而正确地分析经济形势和创新思想政治教育手段方法，增强思想政治工作的效果。在注重培训内容全面性的基础上，还要坚持循序渐进、突出重点、学贵专精、因人施教等原则，区分不同类型和层次，制订培训计划。做到干什么学什么、缺什么补什么，在相关专业上实现"理论上通、知识上懂、技能上精"的目标。③增强培训的针对性，切实提高培训质量。如果培训形式单一，内容单调，针对性不强，年年培训年年老一套，那么培训人员素质就不可能明显提高，培训就失去了应有的作用。因此，各级培训要把培训内容作为重点来抓，培训前应先搞好调查摸底，什么薄弱就重点培训什么，哪里存在问题就从哪里入手，避免眉毛胡子一把抓，使培训有的放矢，增强培训的针对性。④创新培训方式方法。要通过多样化的培训方式和培训方法增强培训吸引力，增强培训效果。有条件的可以组织培训人员外出参观学习，参加社会调查，增加培训人员的切身体会。⑤完善培训考核的方式，最大限度地发挥培训的功能。

为了从整体上提高学校思想政治教育队伍的素质，除了加强对思想政治教育工作者的培养培训，思想政治教育工作者个人自学和实践锻炼也是切实可行的重要途径。教育者先受教育，这是教育他人的前提。学习是受教育的途径之一，中国共产党人依靠学习走到今天，也必然要依靠学习走向未来。只有加强学习，才能克服本领不足、本领恐慌、本领落后的问题，才能完成思想政治教育的任务。学习是基础，实践是进一步学习并检验学习的手段。学习与实践是相辅相成的，学习是成长进步的阶梯，实践是提高本领的途径。只有加强了实践，才能更好树立群众观点，深刻理解国情，才能知道人民需要什么，才能在实践中不断积累各方面经验和专业知识，增强工作能力和水平。

引导和提倡思想政治教育工作者自学，以思想政治教育工作者素质的提高促进学校思想政治教育队伍整体素质的提高。传道者自己首先要明道、信道。教育者必先自己受教育，思想政治教育工作者应自觉提升理论素养。为此，思想政治教育工作者应当保持处处学习、时时学习和终身学习的心态，尽一切可能充实提高自我水平。

要引导和督促思想政治教育工作者积极实践，在实践中锻炼自己、总结经验、增长本领。"实践出真知"，理论从实践中来，科学的理论知识又反过来指导实践。理论和实践从来都应该紧密结合，不可分割。思想政治教育工作者学习专业知识、提高理论水平，这自然很重要，但将这些知识理论运用于实践，并在实践中探索新知识、总结新经验、增强本领更为重要。加强思想政治教育工作者对理论知识的学习，其直接目的就是为了更好地工作实践。当前学校思想政治教育面临许多新情况、新问题，许多问题的解决无经验可循，这就更需要思想政治教育工作者积极大胆投身实践，在实践中汲取新知识、总结新经验、提高工作能力。学校思想政治教育工作者要敢于实践、勇于实践、善于实践，从实践中总结经验、获取知识，提高自己的工作能力和工作效率。

四、强化创新意识，创新方式方法，提升队伍工作能力

创新是思想政治教育的活力所在。创新是一个民族进步的灵魂，是一个国家兴旺发达的不竭动力，也是一个政党永葆生机的源泉，中华民族是勤劳智慧的民族，也是富于创新精神的民族。

在中国特色社会主义新时代和社会信息化网络化的背景下，思想政治教育工作者必须增强创新意识，紧密结合新形势下思想政治教育的新要求和教育对象的新特点，积极创新思想政治教育的方式方法。

思想政治工作要因事而化、因时而进、因势而新，随着中国特色社会主义进入新时代，思想政治教育的内容、目的和任务都相应发生了变化，对思想政治教育提出了新的更高要求。如果我们仍然运用过去那种比较单调的工作方法，不能掌握和运用适应新形势的工作方法，势必会形成思想政治教育与教育对象相脱离的被动局面，不能达到思想政治教育的预期效果。因此，做好新时代的思想政治教育工作，关键是与时俱进，坚持改革创新，不断探索新思路、新方法，实现自身的不断创新。

时代的发展日新月异，新科学、新技术、新知识不断涌现并逐渐支配着人类的生活。在再生产的行为本身中，不但客观条件改变着，例如乡村变城市，荒野变为林木和耕地等，而且生产者也改变着，炼出新的品质，通过生产而发展和改造着自身，造成新的力量和新的观念，造成新的交往方式、新的需要和新的语言。现在的学生多为年青一代学生，他们朝气蓬勃、充满活力、积极自信，他们对新知识和新技术非常敏感且乐于接受，但知

识体系建构尚未完成，世界观、人生观、价值观尚未完全成形，社会阅历尚不丰富，情感心理尚不成熟。对于伴随互联网成长起来的这代学生，如果学校思想政治教育沿用老一套，还是老办法、老方式，拒绝互联网等新技术手段，就会处处被动，难求实效。要运用新媒体新技术使工作活起来，推动思想政治工作传统优势同信息技术高度融合，增强时代感和吸引力。如何运用互联网等新媒体新技术加强和创新学校思想政治教育，使之富有时代活力、更好立德树人，这是学校思想政治教育工作面临的新课题。思想政治工作要因事而化、因时而进、因势而新，要遵循思想政治工作规律，遵循教书育人规律，遵循学生成长规律，不断提高工作能力。要求思想政治教育工作者把握教育规律，以教育对象为本，与时俱进，创新工作方法。

随着时代的发展，学校思想政治教育的环境、条件与对象都发生了巨大变化，创新是必然要求。可以说，学校思想政治教育比以往任何时候都更加需要创新。创新新时代学校思想政治教育，首先是思想政治教育工作者要有创新的意识和理念。思想是行动的先导，理念决定努力的方向。因此，思想政治教育工作者面对信息化、全球化的新时代要有思想的敏锐性和开放度，要及时发现社会生活与学生思想的新变化，把握时代发展的脉络，要有世界的眼光与开阔的胸怀，努力增强创新意识，敢于摆脱传统观念、思维定式和习惯做法的束缚，实现思想政治教育的手段方法创新，使学校思想政治教育"活"起来。

注重引导式教育。互联网是新形势下铸魂育人的重要阵地，占领它就意味着抢占了思想政治教育新高地。要充分发挥校园网的管理优势、力量优势和话语权优势，依托制度机制、宣教策略和技术手段，构筑生动活泼、富有传播力的舆论场。要创设充满正能量的网络空间环境，在正面引导中使学生做出正确的价值选择。要着力强化互联网信息的权威性和可信度，坚持丰富经典原著、创新理论等教育资源，构建思想政治教育资料库，抢占网络思想教育信息传播的先机和制高点。

实行融合式教育。运用网络工作机制的多变性和网络信息形式多样性特征，以多种方法手段，将不同形式、不同内容的信息进行有序衔接传播，将教育由平面引向立体，由静态引向动态。研发学生思想调查分析系统，开展网上问卷调查、大数据分析，全面快捷地了解、掌握学生思想状况，提升思想政治教育的针对性和实效性。

深化互动式教育。与时俱进发展互动平台，紧跟互联网发展潮流，依托校园网开设形式活泼的交互平台，建好论坛、留言板等载体，引导学生随时随地、不拘形式地发表个人体会感悟，相互交流、相互影响、相互启发，共同进步。精心设置互动话题，从学生的身边事、困难和疑惑入手，把思想政治教育的目标和学生的实际需要统一起来，把学生的现实关切和校园生活融合起来，充分调动学生参与的积极性。开设心理健康指导网站，普及心理健康常识，为学生提供在线交流、倾诉心声的渠道，安排心理专家开展网上咨询服务，搞好心理疏导，提供心理辅助，及时解决学生的心理问题。

必须要强调的是，创新思想政治教育的方式方法，并不是要否定所有的传统方法。守正创新，坚持好办法、改进老办法、探索新办法，才是正确的态度。在长期的思想政治工作实践中，中国共产党通过不断探索和总结，形成了许多行之有效的思想政治工作方式方法。这些好的方式方法是我们的宝贵财富，是必须继承和发扬的，是新时代思想政治教育方式方法创新的基础和前提。

以理服人。思想政治教育的对象是人，做人的工作就要增强说服力，做到以理服人。理论只要能说服人，就能掌握群众；而理论只要彻底，就能说服人。这就要求思想政治教育工作者在做工作的过程中，要耐心细致，做好说服教育工作，对问题的分析、解释要透彻，容易使人理解，从而使工作对象对问题认识比较清楚。

以情感人。思想政治教育是一种集塑造教育、改造教育和养成教育于一体的综合性工作，必须顺应人的思想形成发展规律。在开展思想政治教育时，只能用爱来交换爱，只能用信任来交换信任，如果你想感化别人，那你就必须是一个实际上能鼓舞和推动别人前进的人。思想政治教育工作就是要动之以情、晓之以理、导之以行，才能"润物细无声"，起到春风化雨的作用。

首先要言传身教。思想政治教育工作者是做好思想政治教育的一个活因素。思想政治教育工作者的思想、学识、行为、品德和人格魅力对思想政治教育对象具有极强的示范和榜样效应。其次要善于发现体现时代精神、紧扣时代脉搏、植根于人民群众、有深厚群众基础的先进典型，大力宣传典型。只有这样，才能提高思想政治教育工作者的威信，提高思想政治教育的效果。

实事求是，一切从实际出发。实事求是，是马克思主义的基本原则，是党的思想路线的核心内容，是一切工作的思想方法和工作态度。真正的解放不可能是别的，只能在现实世界中并通过现实的手段加以实现。思想政治教育工作者必须要有实事求是的工作态度，一切从实际出发，在工作中既要与社会生活、单位和教育对象的思想、生活实际及其关心的热点问题结合起来，避免空洞说教，又要善于分析对象的不同，采取不同的工作方法，切忌本本主义和教条主义。只有这样按照事物的本来面目及其产生情况来理解事物，任何深奥的哲学问题等都会被简单地归结为某种经验的事实。只有这样，思想政治教育才能做到学生的心坎上，才能收到事半功倍的效果。

第五章　新时代学生学风培养创新

第一节　新时代学风建设概述

学风建设是反映一个学校工作的重要指标，学风建设是加强素质教育的重要措施与手段，更是反映一个学校校风、教风以及学生工作的重要内容，是素质教育在学校学生工作中的具体要求和迫切需要。学校的学风能够对学生在养成行为、价值观念塑造、培养情感意志产生重大影响，事关学生培养质量的高低以及人才培养目标的实现，因此，新时代学风建设具有重要的实际意义。另外，学风建设是学校教育中的一个永恒的话题，也是我们学生工作者一个永远的话题。要想搞好学风建设，首先必须明确什么是学风、学风建设的作用与地位。

一、学风概念

学风是一个学校或学者的治学精神、治学态度和治学方法的外在表现状态，是一种求知的氛围，一种育人的环境，一种熏陶的力量。学风有群体学风、个体学风之分。在大学里，一个学院，一个班级的学风，都是群体学风，它是群体在学习活动中表现出来的态度和行为倾向，或者说是群体中的典型和多数个体在学习中表现出来的代表群体主流的态度和行为倾向。

学风是一种氛围，是一种群体行为，对于世界观正在形成过程中的青年学生有着潜移默化的影响力。优良的学风是一种积极的氛围，使处于其中的学生感到一种压力，产生紧迫感；同时它也是一种动力，使学生能积极进取、努力向上，制约不良风气的滋生和蔓延；它还是一种凝聚力，有利于培养学生的集体主义精神。

二、学风建设的含义

学风建设是通过学校有关部门、有关工作人员的努力，促使良好学风形成而建立的机制，由各种与学风有关的规章制度、措施、组织、人员（教师及学生）、环境等组成，实际上是对学风建设的情况进行控制与反馈，不断完善与调整的过程。

三、学风建设的意义

学风是一所学校的立校之本。学风建设是落实立德树人的重要环节，关系到培养社会主义建设者和接班人。网络虚拟世界是把双刃剑，丰富缭乱的信息既能满足学生的多方面好奇，也产生了诱惑和依赖。因此，在这个新时代一切都不断发展、变革的环境下，深入探析学风建设面临的挑战，并积极探寻、构建一个行之有效的学风建设体系，具有重要的现实价值。

四、学风建设的地位和作用

学风建设是学校一项重要的基本建设。就培养人才而言，它应渗透于德、智、体、美、劳全面发展的教育之中，其实质是教育、培养和引导学生树立理论联系实际和实事求是的作风，帮助学生形成正确的世界观、人生观、价值观，树立远大的理想，端正学习的目的与动机，养成科学的思维方式，成长为德、智、体、美、劳全面发展的社会主义事业的建设者与接班人等方面。

五、学风建设的主体

学风是教与学过程中学生学习态度与行为的具体表现。学风，归根到底是学生的主观治学态度问题。因此，学风建设的主体应是学生。

广大学生是学风建设的主体。因此，在学风建设中要突出学生的主体地位，发挥学生主体的决定作用，要充分调动学生的内在积极性。只有这样，学风建设才能坚持长久，才能真正收到实效。目前，各学校都较过去更加重视学风建设，制定和出台了一些学风建设措施与办法，但是收效不大或效果不太突出。究其原因，主要是忽略了学生的主体地位，更多的是在"管"与"抓"上做了大量工作，突出了学生的行为管理，却忽略了"输"与"导"的作用。许多制度及措施的制定与出台全部来自教师与学校的单方面要求，没有充分征求学生意见，或过少考虑学生这一主体与工作对象的特点与要求。只注重了外因的影响作用，忽略了内因的决定作用。

学风建设应在引导与激发学生内在动力方面下功夫，即在学风建设中突出"输"与"导"的作用。通过各种措施与载体，努力调动广大学生积极学习的潜在动力，进行目标引导、动机强化，使学生的主要精力与热情被"输出""输送"和"引导"到学习中去，提高学生学习行为的强度，注重学风建设的实效性，即突出学生的主体作用。在具体学风建设中，应加大学生自我参与、自我评价、自我教育、自我建设的比重，弱化行政管理、数量考核的比重，在学生中形成自我教育、自我约束、自我管理的机制，由"制度管理"向制度约束下的"自我管理"转变，这是学风建设应着力解决的核心问题。

六、教风与学风的关系

学风是衡量一个学校的办学水平、反映学校教学质量、体现培养人才素质的重要标志，学风和教风是校风的重要组成部分，学风直接受教风的影响，是教风的直接反映，教风直接影响到学风的水平。学风建设中，教风建设的影响作用不容忽视。

（一）教风对学风的影响

在社会发展中，教师是人类文化科学知识的继承者和传播者，对学生来说，又是学生智力开发和个性发展的培育者和塑造者。人们常把教师比作"园丁""人类灵魂的工程师"，倡导教师"诲人不倦"的精神，强调教师的躬行身教。可见在抓好学风建设的同时，抓教风建设尤为重要，加强教风建设是保持良好学风的基础。

第一，教师教书育人的态度对学生学习态度的影响。教师的工作态度、师德风范，对良好学风的形成具有直接的、经常的、无所不在的影响，特别是任课教师在教学过程表现出来的岗位意识、敬业精神对学生对待学习、生活、工作的态度有着十分重要的影响；

教师在与学生的交流中所表现出来的人生观、世界观、价值观，对学生具有潜移默化的影响。因此，要加强教师的师德建设，提倡教师做到"教书育人，为人师表"，要有敬业精神，发挥教师对学生正面影响的效应，这是加强学风建设的重要基础。

第二，教师的学术水平与课堂教学方法，是影响学生课堂学习行为的主要因素。课堂教学是影响学生学习积极性的主要因素之一，教师的教学内容与教学方法、讲授能力与教学技巧，影响学生在课堂上的学习行为，将在学生今后的学习行为中产生正强化与负强化两种效果。因此，要注重教师课堂行为对学风建设的影响，在加强学风建设的同时，加强教风建设。

（二）学风对教风的反作用

教风与学风的作用是互动的，教风对学风建设起主导作用，学风建设又对教风建设起促动作用。在学风建设提高到一定水平时，要突破一个"瓶颈"，这个"瓶颈"就是教风建设的整体水平。即学生的学习自觉性与学习能力有了较大提高之后，势必对教师的学术水平即教学与科研能力提出新的要求，这势必会反过来促进教风建设的不断提高。

所以，教风建设与学风建设要同步进行，二者不可偏废。在加强学风建设的同时，不能忽略教风的影响，学生工作与教学工作不能脱节，要紧密配合，共同拟定发展目标、工作计划、管理措施。

只有发挥教风与学风建设的协同与互动作用，二者才能健康发展、共同提高。

第二节　新时代学风建设的途径

一、学校学风建设的途径分析

学风建设是加强德育建设与素质教育的必然要求，是培养人才的重要手段与措施，是学校工作的重点，分析与探讨学风建设存在的问题，研究与实践学风建设的措施与方法是学校党政工作与学生工作的首要任务。由于学生主体的特点是不断变化的，不同时期、不同阶段、不同年龄有着不同的特点与要求，就应根据学生主体的变化与特点开展有针对性的工作，才能事半功倍，收到实效。

第一，应认识学风建设主体的需要，研究工作对象的群体特点与个体特性，寻找工作的突破口。分析当代学生需求的特点与学生关注的热点，是做好学风建设的前提。目前学生中普遍存在考研热、上网热、出国热、考托福热、考 GRE 热、恋爱热、打工热、活动热等现象，这些热点对学生的学习有着正面和负面的双重影响。如考 GRE 热，一方面反映学生提高英语水平的愿望，想出国深造，对学风建设存在着有利的方面，但其中也有一些学生放松了对其它课程的学习，造成对学风建设不利的影响。而学生热点中的上网热、恋爱热、打工热、活动热，有时又与学生的专业学习发生冲突，有与学风建设相违背的地方，某种程度上也影响了学生的学习，这些是值得我们思考与研究的地方。如何把学生主要精力引导到学习上来，教育学生处理好学习与能力提高、个性培养的关系，这应该成为学风建设的着眼点与突破口。

第二，应加强对学生的思想教育，在"三观"教育上寻找突破。学生的学习态度、学习目的、学习动机受其人生观、世界观、价值观影响，而学生的"三观"正处在塑造与成型阶段，要通过有效的途径加以引导，帮助学生树立远大的理想，坚定理想与信念，在目标上强化学生学习的动机，是学风建设的思想保证。具体说，首先，通过"两课"教育，使学生明确学习目的，增强爱国主义、集体主义观念，树立以专业知识服务社会、服务人民的人生观与价值观；其次，教育管理工作者应深入学生生活，认真细致地做好思想引导工作，了解学生的思想动态，对存在的不正之风、不良学风等，一定要究其根源，谆谆教导，激发学生的求学热情；最后，学生的主要任务是学习，许多同学在遇到学习上的困难时，心理压力太大，可能会产生消极的甚至是偏激的行为，如焦虑、忧郁、冷漠、讨厌学习、拒绝与老师合作、扰乱课堂秩序等等。这时候，老师应该帮助他们认真寻找挫折原因，引导他们改进学习方法，鼓起他们克服困难、追求上进的勇气，重新扬起奋斗的风帆。

第三，以教学管理为保障，严肃学风纪律。无规矩不成方圆，建设优良学风，必须要有完善的管理制度作保障，要"有章可循、违章必究"。与此同时，教师也必须与学生保持平等的关系，因为教师并不是真理的化身，而是学生探索真理的领路人。教师严谨的治学态度、崇高的治学精神以及显著的学术成就对于学生优良学风的形成有着良好的示范作用和带动作用。教师要严肃教学纪律和考试纪律，对学生高标准、严要求，教学管理部门要严格学籍管理，不断完善学分制，实施"宽进严出"，把好最后一道关。

第四，学风建设应建立约束机制与激励机制，形成良性的运行机制。约束机制能引导群体的行为，保证目标、措施的实现；激励机制能调动学生主体的主动性，提高协作意愿；也是学风建设的重要内容。二者相辅相成，缺一不可。只有约束与激励机制共同发挥作用，学风建设才能坚持长久，不断深入。

第五，以丰富多彩的校园文化活动为载体，营造浓郁的学习氛围。学风建设是一个潜移默化、受多因素影响、不断积累强化的过程，而丰富多彩的校园文化活动则是学风建设不可或缺的重要组成部分。首先，要充分利用党校、团校以及"两课"阵地抓好学生的思想教育，引导他们积极向上，树立崇高的理想和成才目标；其次，有目的、有针对性地通过心理咨询和体育活动，为学生的成人成才准备好良好的心理素质和强健的体魄；最后，结合学生的需要和专业特点，充分利用社团活动、学术讲座、知识竞赛、技能训练、优秀人才先进事迹报告会等形式，拓宽学生的知识视野，提高学生的文化素养，激发起他们求知、成才的欲望。学风建设不是一件孤立的工作，学校的各项工作都要配合学风建设，为学生更好地学习创造条件，一切工作以"为提高学生素质、加强学风建设服务"为出发点，才能取得良好的效果。

第六，教学改革是学风建设的重要保证，应加强学分制、选课制、考试制度的改革，创造良好的学习环境与空间。通过让学生自主选择学习的内容、方法与时间，可以提高学生学习的兴趣，激发学生学习的主人翁意识，增强内在学习动力，变"要我学"为"我要学"。设立各种创新学分、科研等级评价体系等，调动学生学习的积极性与主动性。同时，学校应加强硬件条件建设，在图书、计算机、科技实践设施上加大力度，为学生的学习创造良好的外部环境。

综上所述，学风建设是学生工作的主旋律，是实施素质教育的重要手段与措施，也是学校培养人才这一根本任务的必然要求。因此，加强学风建设要调动全校广大教师的积极性，形成全员意识，对学生的学习进行全过程参与和全方位服务，才能促进学生的全面发展。例如可以评比学风建设先进班级、学风建设进步班，通过各种渠道宣传学习标兵，在校园形成浓厚的学习氛围，影响学生的学习行为。

二、处理好学风建设与教风建设的关系是关键途径

学风建设与教风建设相辅相成，加强学生思想政治教育工作，树立良好的教风与学风，既互为因果，又相互促进，其共同目的都是为了切实提高人才培养质量。

1. 师德建设工作是教风学风建设的基础

良好的学风与学习环境有关，与学生素质有关，换句话说，好的学风可以改善学生学习环境，可以提高学生综合素质。教风主要指教师在教书育人中的态度，在学风建设中起着引领指导的作用，良好的教风学风的形成有赖于加强和改进师德建设工作。

由于职业的特殊性，教师师德是以热爱学生、教书育人为核心，以"学为人师，行为示范"为准则，以提高教师思想政治素质、职业理想和职业道德水平为重点，弘扬高尚情操，志存高远，爱岗敬业，忠于职守，勤于奉献。教师要怀有博大和无私的爱心，不应讥讽、歧视、侮辱学生，不应向学生推销教辅资料及其他商品，索要或接受学生、家长财务等以教谋私的行为，不应在科研工作中有弄虚作假、抄袭剽窃、侵占他人成果的不端行为，不应在考试工作中有违纪违法行为，严厉惩处败坏教师声誉的失德行为。教师应当时刻铭记自己的职责不只是"传道、授业、解惑"，一名合格的教师还担负着"教书育人"的职责。教师自身的行为会对学生产生重要的影响，有人形容学校就向企业一样在生产产品，但是这种"产品"与一般意义上的产品有着天壤之别，因为，从学校中走出的"产品"是有思想、有意识，具备行为自发性和主动性的"人"。

中华民族向来有尊师重教的传统美德，人民赋予教师以"人类灵魂的工程师"的美誉。教师是学生成长的榜样，教师的思想政治素质和职业道德水平直接关系到学生的成长，关系到国家前途和民族未来。在市场经济条件和改革开放环境下，学校教育和师德建设工作面临着许多新情况、新问题和新的挑战。学校扩招，社会对优质教育日益增长的需

求，对教师素质提出了新的更高要求。

高素质的教师队伍是高质量教育的基本条件之一，教师在日常课堂教学中的组织作用，在行为规范方面的表率作用，在思想道德品质上的潜移默化作用都会影响学生的世界观、人生观、价值观，因此，教师的教书行为不仅仅是向学生传授某种专业知识的过程，也是向学生传递一种观念、传承一种道德、宣扬一种精神、划定一种规范、弘扬一种治学态度的"育人"途径。学生在这种教书育人、言传身教的过程中受益、解惑、成长。

2. 端正教风是学风建设的突破口

学校要高度重视教风、学风和校风建设。教风是高等学校培养学生、提高教书育人质量的一个重要因素，所体现的是教师履行职责的职业道德、思想风尚的高低、教师教学水平高低和治学态度的严谨与否。教风与学风是相互影响、相互制约的。优良学风是优良教风的必然要求与最终结果，没有好的教风就没有好的学风，学风建设也就会成为一句空话，教学质量也没有保证。因此，广大教师要以德育人、爱岗敬业、为人师表、教书育人，以自己的道德追求、道德情感、道德形象去引导教育学生。要通过开展评选和表彰师德优秀群体和师德标兵、学习和弘扬优良办学传统等活动，形成有利于良好教风、学风和校风建设的氛围。大力提倡严谨治学、从严治教的作风，把教书和育人结合起来，把培养能力和开发智力结合起来。好的教风、学风和校风能为人们所切身感受和体验，对青年学生的思想成长和行为养成产生深刻影响。学校的教风、学风和校风如何，直接影响社会、学生及家长对学校的评价和选择。从长远看也关系到学校的前途和命运。

在校风建设中，学校必须针对学风建设的实际情况，采取有力措施改善教风。一要加强教师的思想教育工作；二要注重师德建设；三要严格管理，实施质量监控和考核制度；四要加强教师的岗位培训；五要切实解决教师在职称、住房、工资待遇等方面的实际问题。以此全面提高教师队伍的思想素质、政治素质、道德素质和业务素质，调动广大教师教书育人的积极性，提高教师的教学水平，从而推动学风建设和提高教学质量。

3. 教学制度建设和严格教学管理是学风建设的侧重点

学校的规章制度体现了治校的指导思想，对学生具有一定的控制力和约束力，有助于培养学生良好的行为习惯，促进学风建设。学校要针对目前一些学生学习自觉性差、自制能力弱的情况，建立科学合理的规章制度，规范学生的行为，加强对学生的管理。完善辅导员制度，开展深入细致的思想工作，让每个学生都了解学校的规章制度，清楚学校提倡什么，反对什么。在管理上要严格，是非分明，奖优惩劣，提高学生的自制力，以形成良好的学习氛围，特别要加强考试纪律的管理。考风是衡量学校办学水平、管理水平、教学质量和学生综合素质的重要标志之一，是学生学风的具体体现，对此要严肃对待。

4. 深化教学改革，建立起充分调动学生自主学习的机制和环境

知识经济对人才培养提出了更高的要求，它要求高等教育培养出大批具有创新精神和创新能力的高级专门人才。通过深化教育改革，建立起充分调动学生自主学习的机制和环境，是建设优良学风的根本措施。特别是在全面推行素质教育的今天，充分发挥学生的个性特长，培养学生的创新精神和创新意识，是高等教育改革的重大课题。深化教育改革，要着眼于培养学生创造思维、学习能力、自学习惯。在教学改革上，要建立及时更新教学内容和教材的机制，将先进的科技成果和科学知识传授给学生；要加强课程的综合性和实践性，积极探索产学研结合的途径，使学生积极参加科研、创新和社会实践活动。在教学管理制度上，改变过去整齐划一的培养模式，实行更加灵活的学分制，增大学生学习的自由度，给学生对专业、课程、教师、学习时间的更大的选择权。并通过大量开设选修课程、开放实验室，加强以文学、艺术和科技创新为主要内容的第二课堂，为学生自主学习创造环境和条件，激发学生的求知欲，调动其自主学习的积极性。

第三节　新时代学生学习能力培养

一、学生的学习能力

（一）学习能力概念和结构

学习能力是学生运用科学的学习策略独立获取信息、加工和利用信息、分析和解决实际问题的一种个性心理特征。也就是说，学习能力既与学习活动必需的基本心理能力（观察能力、记忆能力、思维能力等）有关，又与分析和解决实际问题的综合能力（自我调节能力、学习动机、学习的方法策略等）有关，它是二者的综合体现。学习能力既是学生学习活动的结果，又是学生进行学习活动所依赖的基础。

21世纪的社会是一个学习型的社会，终身学习将成为人们处身立世的需要。学校教育的重要目的是为学生的终身学习打下良好的基础，今天的"教"是为了明天不需要"教"；学生的重要学习能力是学会学习，随着知识更新周期的缩短和人们岗位变化的加快，"会学"比"学会"更重要。学习理论的研究者认为一个会学习的学习者应具备如下能力：能够确立自己的学习目标；能够意识到不同的学习方法会产生不同的学习结果；能

够意识到自己当前所用的学习方法，因此能监视自己的心理活动；能够从自己采用的学习方法所产生的结果中获得反馈信息，进一步评价自己的学习方法，因而能够依据是否有助于达成学习目标来调节自己所采用的学习和行为方式，以便更好地达到学习目标；学习主体有预见性，能预料事物的发展进程和结果，所以既能事先拟定学习计划，也能在执行计划的过程中依据反馈信息适当调整自己的学习计划。总之，元学习理论相信人是积极主动的机体，人能够监视现在、计划未来，有效控制自己的学习过程。最近，国内一项研究用因素分析方法，把元认知的学习能力划分为。三个方面、八个维度即：①学习活动前的自我监控：A. 计划性；B. 准备性；②学习活动中的自我监控：C. 意识性；D. 方法性；E. 执行性；③学习活动后的自我监控：F. 反馈性；G. 补救性；④总结性。

（二）学生学习能力发展的特点

学生学习能力发展的特性主要表现为：

第一，在学生的学习能力发展中强调学生发展职业情境学习迁移力，强调了学习情境对于知识应用范围的决定作用，认为学习情境与使用情境的要素相似，学习的迁移就容易发生。在高等职业教育的学习中，理论学习本身就有一个如何把学习与应用相结合的问题，而更重要的另一方面是如何将理论化和抽象的内容嵌入到具有职业情境的学习过程中去。只有理论与实践充分有效结合的学习，形成的学习迁移才是充满职业创造力的。

第二，在学生的学习能力发展中更加强调社会实践活动的创新力。当前，知识作为产品在贸易和投资中的地位日益显著，市场化的知识生产呼唤要充分运用市场机制尽快加强我国的科技实力，加强科技创新，最根本的是推动技术创新的有效机制。以社会、企业的知识应用为目标的学生的学习也应建立在这样的创新机制之上，要形成以市场机制为导向，以知识的生产、经营为核心的有效学习。

第三，社会信息化的快速推进，使得一线高素质劳动者获得信息的机会更趋公平，这种公平突出了学生学习把信息转化为有效知识这种才智的重要性。然而，不同的个体面对同样的信息，结果是不一样的。学生作为一线高素质劳动者，如要形成这种才智，如何查找、评价和整合利用信息的素养是非常重要的，这种素养不是一般意义的信息技术素质，而是蕴涵在素质中的一种意识和组织结构，它对信息转化为有效知识起到了选择和积极推动作用。

第四，培养学习元认知能力是实现学生学习能力发展的基础。把职业成长与社会、与生活结合起来的终身教育，将成为未来社会人们的一种生存方式和生活方式，也是 21 世纪的生存概念。而元认知由于对学习活动的整体起监控作用，能使学习者不断评估学习中的问题，并且改变学习策略以提高学习效果。因此，学生的元认知能力的形成极其重要，它会为将来的职业生涯奠定良好的基础，产生积极、有效的作用，从而增加自我成长的可能性。

（三）培养学生学习能力的意义

重视和发展学生的学习能力是市场经济和劳动力市场变化的要求。随着我国社会主义市场经济的发展，经济增长方式由粗放型向集约型转化，经济结构向工业化阶段转变，产业结构从劳动密集型向技术密集型转化，而且全球经济一体化趋势和高新技术的日新月异，使企业经营方式也由单一生产型经营模式转向产品经营、资产经营、资本经营等多种形式并行或互为融合模式。从市场经济和社会发展给劳动力市场带来的变化看，瞬息万变是现代这一时代劳动力市场的特征。21世纪人们的岗位变化将更加频繁，许多想象不到的新行业、新工作将不断出现，这就要求职业教育培养的学生具有远期的适应能力和应变能力，而学习能力是个体在多变的工作环境中能够生存和发展的先决条件。因此，作为沟通教育与就业桥梁的职业教育，为使受教育者能充分获取未来的就业机会，并培养他们在各种职业中尽可能多的流动能力，应该而且必须重视和发展学生的学习能力。

重视和发展学生的学习能力是知识经济的要求。知识经济取代工业经济无疑是人类历史的重大变革，知识经济是主要依靠知识创新、知识创新性应用、知识广泛传播和发展的经济。知识经济时代国家和地区的创新体系和创新能力已成为社会和经济发展的重要基础和竞争力提升的关键因素。知识经济时代，需要的是一种知识型、创新型人才。这对传统的以培养实用型技术型人才为目标的职业教育无疑是大冲击，为使受教育者适应变化的环境并得以发展，职业教育应以技术培训加科技应用为主，努力培养技术型和创新型人才。学习能力是拥有创新能力的前提，因此，职业教育应重视和发展学生的学习能力。

重视和发展学生的学习能力是终身教育和个人可持续性发展的要求。传统的职业教育，大多是终极性教育，学生可在学校获得一套终身有用的技术，但这时代已经过去。现代社会科学技术日新月异，知识更新速度越来越快，职业中新知识与新技术的增加是常态，这意味着终身学习型社会已经到来，学校教育已不再是教育的终极。终身教育的观念近年已经深入人心，成为许多国家和个人所追求的目标。

二、培养学生学习能力的对策研究

1. 培养学生学习能力的具体策略

第一，建立以爱心为基础新型的师生关系，创造和谐的学习环境，转变学生学习态度。

第二，加强心理健康教育，增强学生的责任感，树立自信心。学校开设学习指导课、社会行为指导课、职业生涯发展指导课等，使他们确定人生发展的目标，自觉地对自己负责，对社会负责，由此而激发学习的动力。

第三，实行激励教育，为学生创造成功的感受和走向成功的机会，在教育教学工作中要有意识地把学生成功的心理体验，作为"应试教育"的失败者最缺少的体验。每位教师都要善于发现学生的教育点、发展点，从各个方面去挖掘学生的优点，及时地指出并鼓励。教师在教学过程中对学生要多肯定、多鼓励、多表扬，少否定、少冷落、少批评。结合专业特点，举办各种竞赛活动，为学生成功创造展示的舞台；同时，还可以组织学生参加全国、省、市各类专业大赛，为当地各级政府机关、企事业单位提供专业技能服务。这样既使学生提高了适应社会、适应市场的能力，同时也激发了学生的学习兴趣，培养了学生善于思考、刻苦学习的自觉性。

第四，学院在教育教学各个方面要为学生创造良好的自主学习环境。作为教师必须树立以学生为本的教育理念，坚持一切为了学生，为了一切学生，为了学生一切。在教学中要求注重学生学习兴趣的培养和内驱力的激发，要紧密结合职业技术学院的特点，改革教学方法，使学生逐步寻找到自我发展的道路。

第五，注重学习方法和策略的指导。当一部分学生有了学习的愿望，学习方法就成了主要矛盾。这要求教师除在教学过程中对学生进行有针对性的学习方法和策略指导外，还要请优秀的毕业生介绍学习方法和学习心得，使在校生能够认识到学习差的原因，树立正确的学习观，还要明确学习方法和策略的重要性，从而在学习中自觉地掌握学习的方法和策略。

第六，培养良好学习习惯的养成是关键：①强化教育。新生入学就进行养成学习习惯的教育，使学生认识到：勤奋好学的习惯是一笔财富，良好的学习习惯是现代人必须具备的生存能力，培养良好的学习习惯是人的成功之本。通过教育使学生认识到养成良好学习习惯、搞好学习是为了更好的生活，是为了获取生存和发展的能力。②明确要求。使学生明确应当养成哪些学习习惯，学校对养成良好习惯的要求和学生怎样才能养成良好的学习习惯。③强化训练，逐步养成。良好学习习惯的养成，一方面要循规蹈矩，按学院要求去做；另一方面要克服不良的学习习惯。学校要制定《学生学习规范》《学生考试规则》，对学生学习的每个环节都有严格的要求和具体的规范。

2. 两项典型的培养学习能力的研究

（1）整体性教学研究

基于整体性学习的职业教育，其目标分类是多维、多向度的。学习目标分为四大领域。即内容——专业的、方法——问题的、社会——交流的、情感——伦理的学习目标。①专业的学习目标是指向与专业相关的功能性知识，构成学生的专业能力，其内容要通过专业实践。即在学生独立制定计划、独立实施计划和独立检查计划的背景下进行教学。②问题的学习目标指向学生能够独立地获取知识与理解能力的学习过程。这样一种和过程与方法相关的目标，在整体性学习中包括解决问题的方法、实验、独立的学习与工作——即掌握学习与工作的技术。③交流的学习目标指向基本的合作与交流技术。例如掌握谈话的技巧，开发团队与小组工作，实施冲突管理，具备演讲和演示技术、讨论与辩论技术、自由即兴发言技术。④伦理的学习目标指向自我定位与自我发展的能力。强调在日常生活情境中评价与决策能力的开发。涵盖社会认可的价值观与行动准则，例如，政治、社会和经济的价值，道德、审美的价值。由于学习是个体的行动过程，是学生通过学习过程中现实事件的经历而自我启动的过程。为使这一过程能持续地引导学生，职业教育课程教学的逻辑起点必须是学生主观上有强烈求知欲并以积极行动投入学习。职业教育课程教学的基本思路是：使学生借助自我行动将所获得的知识和经验内化以构建于自身，进而实现个体的可持续发展。

（2）情境性教学研究

传统学校人才培养模式的缺点是在培养过程主要根据理论知识的系统性和学科体系来组织教学，实践性教学环节主要是为理论教学服务，实践教学的"从属"地位无法保证职业技能训练的适应性、系统性和科学性，许多实践教学流于形式化和简单化。为提高应用型高技能人才培养的针对性和有效性，我国学校人才培养模式必须重新审视实践教学在教学体系中的地位与作用，建立以实践教学为主体，专业理论教学为基础，以实践教学为主线组织教学活动的人才培养方案，在"真实"的企业场景中进行"情境化教学"和"情境化学习"，为学生职业能力和职业素养的提高提供舞台。第一，学校通过整合自身已有实践教学资源并不断改善实践教学条件，面向企业发展，以职业标准为导向，参照现代企业生产条件、生产流程、质量标准和环境要求，在校内建立起模拟性的"情境"：它不仅是训练学生实践技能、陶冶职业素养的舞台，也是进行专业理论教学、促进专业理论学习与职业实践更紧密结合的重要场所。第二，学校结合自身办学条件和人才培养需要，挖掘技术与技能培养的教育资源，与相关企业开展互动性"产学合作"，学校、企业共同实施高等职业教育，使企业的真实"情境"成为学生学习专业理论、训练专业技能和提高职业素养的最好"场景"。

学生的学习符合学习的一般特性，但有其自身的特点。从 20 世纪 90 年代国际经合组织（OECD）对知识的基本分类来看，学生职业技能学习的核心属于技术方法型知识的学习。这里的技术指为实现生产过程和非生产性需求的经验和科学的方法与手段的总和，可分为生产技术和非生产技术（包括市政、科研、文化、教育、医学等）。在内容上体现了对动作和智能的要求，特别是包含具有智力技能特点的认知策略内容，主要表现为处理工作对象的方法与手段技能、对内调控的反省认知技能的掌握。在职业的涵盖上，技术也不仅仅只局限于生产领域。不容忽视的是，提高学生职业技能智能化学习水平的另一层重要的含义，就是存在于实践活动之中的默会知识的学习。无数的实践证明，实践的技能很难诉诸于文字；科学的创新根源于默会的力量。默会知识深深地镶嵌于人类的实践活动之中，只有通过行动中的体会、琢磨、体验才能学会。默会知识的学习对于如何提高适应一线需要的智能水平是十分重要的。

第六章　新时代学生品行教育创新探索

第一节　新时代学生品行教育及目的任务

品行又称道德品质，是人们处理个人同他人的社会利益关系的行为、习惯或习性，是社会道德现象在个体身上的反映，是个人依据一定的道德原则和道德规范在行动时所表现出来的、比较稳定的倾向和特征。道德认识、道德情感和道德行为是构成品行（道德品质）的三个基本要素。

学生的品行教育是为了使学生践行社会主义的公民道德义务，学校有目的、有计划、有组织对学生施加系统的道德影响活动。品行教育的目的是教育学生懂得善恶、是非、荣辱，适应社会发展的要求，按照社会主义道德的原则和规范，培养和造就新一代社会主义建设者，使他们具有为国家富强、人民富裕而奋斗的献身精神，具有不断追求新知、实事求是、独立思考、勇于创新的科学精神。从这一目的要求出发，学生的品行教育的主要任务包括两个方面：一是培养和提高学生的社会主义道德原则和规范的要求，实现为社会价值的升华，自觉扬善抑恶；二是提高学生的思想道德水平，形成和发扬良好的社会主义道德风尚，转变校园风气。

一、加强学生品行教育

（一）加强对学生进行品行教育，培养学生的良好习惯

如讲卫生、讲礼貌等文明行为习惯养成，必须通过反复、经常性的讲解，要培养学生运用"您好、请、对不起、谢谢、再见"等礼貌用语的良好习惯，这些光靠讲道理是不行的，更重要的是要求他们熟悉并在交往中运用，在社会生活中实用，这样坚持才能形成良好的习惯。当然，要让学生养成良好的习惯，教师的表率作用不可忽视。其身正，不令而

行；其身不正，虽令不从。教师必须严格遵守学校制度，严于律己，讲究公共卫生，维护公共秩序，言行举止文明大方。

（二）引导学生遵纪守法

纪律是学习的保证。没有良好的纪律就没有良好的学风和班风，而班级纪律好坏取决于学生的行为习惯。努力培养学生良好的组织纪律性、对那些缺乏自觉性的学生来说，尤其要加强这方面的锻炼。如发现学生未遵守制度或未达到制度的要求，则应及时要求学生重做，直到符合要求为止。这是培养学生的基本品德的基础。

（三）组织学生参加各种实践活动

积极组织学生课堂、课外各种兴趣活动、劳动以及一定的社会实践活动等。这是生动活泼地向学生进行德育教育的一个重要途径。课外活动，有助于培养学生辨别是非、自我教育等道德能力和团结友爱、互相合作等良好的行为。劳动，可以培养学生勤俭、朴实、艰苦、顽强等好品德，特别是通过社会实践，包括社会公益活动，使学生接触社会、了解国情，有助于学生形成正确的理想观和人生观。

（四）以激励为主，营造良好的氛围

对于班级的好人好事要及时表扬，可以让班干部写成广播稿，利用广播适时宣传表扬，也可动动笔墨用红纸写写表扬信，张贴在学校公示栏，还可利用班级开辟的"黑板报""表扬栏"进行表扬。在班级里营造一种良好的，积极向上的氛围，让具备良好行为习惯的学生充满自信，成为其他同学的榜样，去影响他们。对不良的行为。教师要及时制止，利用班会开展批评与自我批评，让学生的不良行为处于萌芽状态时就遭到扼杀。这样的班级集体是积极向上的，人人都会努力养成良好的行为习惯。从心理学角度来看，特殊生并不是天生的不守纪律，有许多特殊生因为成绩不好得不到老师和同学的关注，他们在班上表现出的不良行为，都是为了引起老师和同学的注意。为了激发学生的积极性，教师要特别关注特殊生，以求全体进步。在班里设立"特殊生进步奖"，对特殊生的点滴进步都要有所反应，可以口头表扬，可以给所在小组加分。让学困生感受到老师、同学们都在关注他的发展，他的自尊心也因此得到满足，逆反心理必将消失。

（五）与家庭、社会相结合，形成教育的合力

学生行为习惯的养成，单靠学校教育是远远不够的，因为家庭和社会也是学生学习、

生活的重要场所，对学生健康成长起着重要作用。

学校首先沟通家长和学校间的情感，通过家访、开座谈会、对家长进行潜移默化的影响，对家庭教育提出明确的要求，如何培养学生习惯养成等，形成共识。要求家长能以自己的道德行为、良好家风、规范的礼仪、礼节、礼貌影响学生、督促学生，以形成教育和训练的合力。组织学生进行实践体验活动，充分利用社会为我们提供的丰富教育资源，让学生在实践中获得全新的感受，形成良好的行为习惯。如利用课余时间，组织学生到街道、公园、车站等公共场所进行大扫除，通过参与社会实践活动和维护公共秩序的工作，让学生从以往简单、空洞的说教学转变为让学生从身边的小事做起，自觉地养成了热爱劳动、热爱人民、珍惜劳动成果的好品质。

教师工作的最终目的，无非是培养学生具有各种良好的社会习惯，诸如热爱祖国，关心人的习惯，礼貌诚笃的习惯，阅读书写的习惯，虚心自强的习惯等等。养成教育，就是要培养形成良好习惯的教育。良好的习惯范围很大，从坐立行走、言谈举止、到学习、生活等。习惯的好坏代表着一个家庭；在学校里，代表一个班级，一个学校：在社会上，代表着一个单位：在世界交往中，代表着一个国家一个民族的文明。学生的养成教育是一个漫长的教育过程。搞好学生的养成教育，逐步养成良好的行为习惯，为其健康的全面发展有深远的影响。因此，加强学生行为习惯养成教育是新一代教师的重任之一。

教师是人类灵魂的工程师。热爱学生，培养学生有良好的行为习惯是教师的天职。做教师的肩负着为国家、为社会输送有用之才和有用之人的神圣天职，一定要克服各种困难在教育教学中重视学生良好行为习惯的培养，从点点滴滴做起，培养学生良好的习惯。

二、自我教育是品行教育的制高点

第一，自我教育是品行教育注重实践教育、体验教育、养成教育的必然结果。品行，就是能够体现一个人道德修养的行为。品行教育则是通过德育学科和其他学科教育，通过社会实践活动、班主任工作和学校管理、服务工作、校园文化建设等途径，培养行为习惯，达到提升思想品质和道德情操的教育，形成爱心、诚信、质朴、责任、严谨、创新、敬业等品行素养，品行教育的最终目的是使受教育者"成人"。学校品行教育是关系到把学生教育成什么人的问题，只有能够激发学生去进行自我教育的教育，才是真正的教育。因为只有这样，才能形成学生的人格力量，才能使其具有道德上的自觉性。人的高尚思想品德的形成靠的正是这种人格力量和自觉性。这就是说，只有通过自我教育，学生才能成为真正的高尚的人。

品行教育过程实际上是教育与自我教育相结合的过程，他人教育的核心，不是研究如何把知识灌输给学生，而是诱发学生的好奇心，给学生一个更大的空间去探索、去提出问题、解决问题，满足自己成长的需要。在这个过程中，是自我教育和他人教育的互动与相互滋养的过程。一个学生，只有当他学会了不仅仔细地研究周围世界，而且仔细地研究自己本身的时候，只有当他不仅努力认识周围的事物和现象，而且努力认识自己的内心世界的时候，只有当他的精神力量用来使自己变得更好、更完善的时候，他才能成为一个真正的人。联合国教科文组织国际教育发展委员会在20世纪70年代指出：未来的学校必须把教育的对象变成自己教育自己的主体，受教育的人必须成为教育他自己的人；别人的教育必须成为这个人的自己的教育。这种个人同他自己的关系的根本转变是今后几十年内科学与技术革命中教育所面临的最困难的一个问题。教育与自我教育相结合，也是当今世界教育发展的一个趋势。

可见，培养学生的自我教育能力，是教育的终极目标。授人以鱼不如授人以渔，学生养成自我教育能力，就可以自动自发，就可以具备自省自查自律、具备自我成长的能力。这样的教育才是具有丰富的知识又有健全的人格，是知行统一的螺旋式上升，具有人格健康发展的内动力。品行教育过程必须让学生学会自我教育。

第二，自我教育是品行教育的内动力。提高学生自我教育能力是促进其思想品德发展的关键，学习有三个境界：第一境界"要我学"；第二境界"我要学"；第三境界"要学我"。这里"要我学"是学校、老师、家长实施品行教育要我学，学生会有压力。品行教育一定阶段，学生会有"我要学"的动机，要主动学习，产生学习主动性。通过自我教育的培养才会达到"要学我"的境界。学校学生中出现的许多品行不端问题和现象都与学生的自我教育能力太低有关。分清学生的自我教育能力与学校道德环境品行教育的关系，分析品行教育工作的盲点和误区，对症下药，找到解决问题的措施和方法，对于品行教育来说至关重要。

随着社会的发展，教育目的发生相应的变化，自我教育将逐渐成为教育的重心。教育的根本目的是要使所有学生都得到主动发展，全面发展。自我教育与他人教育既有区别又有联系。他人教育是教育的基础，在他人教育引导、启发基础上才会产生自我教育的意识。自我教育是在他人教育催化、影响下萌发、成长的过程，可以说自我教育是内因，他人教育是外援。从哲学角度讲，人的成长与发展，关键在内因。教育的作用虽然是重要的，但对受教育者来说，毕竟是一种外部影响，外部影响要真正被学生理解和接受，并转化为他们的思想品德行为即品行，还要经过"内化"的过程，也就是思想上矛盾斗争的过程。教育者无法代替受教育者思想矛盾斗争，而所谓"内化"，实际就是自我教育的过程，一个学生只有当他把教育者提出的教育要求变成了自我要求，并把它付诸实现的时候，教育目的在他身上才能真正实现。相反，没有自我教育的所谓教育，就会变成一种野蛮的灌输，甚至是一种精神的摧残，实际是一种反教育。

自我教育因素是影响学生成人的重要因素，在自我意识的基础上产生的自己要求自己、自己管理自己、自己提高自己的教育能力即自我教育能力，激发学生高度发展的自我教育的意识和能力，才会使学生产生知识上自学、行动上自律、品德上自修、评价上自省、心态上自控、情感上自悦、生活上自理等学生优秀的人格品质和健康心态。

第三，自我教育在品行教育中的作用是对学生独立性和分析能力培养。教育专家指出，教育的根本在于培养学生的生存能力。生存教育的根本在于培养独立性。独立性是指一个人独立分析和解决问题的能力，它是社会生存及进行创造性活动必备的心理品质，包括独立意识和独立能力。所以培养学生的独立能力，对学生的未来发展有着至关重要的作用，它是教育的补充力量。开展自我教育，让学生有更多的思考空间，自己发现自己问题，自己分析问题，自己解决问题；自己能够客观地、冷静地对事物进行多层面的分析、认识，并学习从众多做法中寻求正确方法，不断修正自己的观点和做法。当他去做一件事时，他会首先考虑这件事能不能去做，怎样做，应不应该去做，如果去做了，利是什么、利是多少，弊是什么、弊有多少，然后才决定做与不做。平时养成一个处理问题的良好习惯，那就是不论大事或小事，都要事先想到结果，先把几种不好的结果想一下，遇到这几种结果"我"应该怎么应对，而不要首先想到好的结果，而忽略了坏的结果。在自我反思反省的过程中，判断真假、善恶、对自己的行为自我克制、自我督促、自我改正，从而不断完善自我，形成良好品德习惯。

第四，自我教育在品行教育中的作用是对学生抗挫折能力的培养。抗挫折能力是指个体在遭遇挫折情境时，经得起打击和压力，并摆脱和排解困境，使自己的心理与行为保持正常的能力，即个体适应挫折、抵抗挫折、应对挫折的一种能力，亦即具有促使挫折向积极方向转化的能力。

在自我教育过程中，学生将学会全面地考虑问题，着眼于事物之间的关系，学习深入地探求事物的本质，看到更多的因果关系，而不会被一些表面现象所迷惑。当挫折来临时，学生会冷静面对并思考，而不会轻易崩溃。学生会自己检查自己，自己说服自己、自己约束自己。这时再加上老师和家长的关心指导，就更有利于走出思想的困境。相反，挫折会让他们很好地检讨自己的不足，会更加加速健康成长。自我教育既是品德教育的必要途径，又是教育之根本，是学生独立生活的必备能力。离开学校但学习不能停止，自我教育是教育的终极目标，是教育的至高境界。随着自我教育能力的不断发展，必将提高他们要求上进的积极性，解围不如自救，这对学生的一生都具有重要意义。

第二节 多维视角下的学生品行素质

一、班主任视角下的学生良好的品行素质

开展素质教育、提高学生的整体素质、使学生全面健康地成长是当前学校教育教学的一个重要课题，是培养新世纪优秀人才的重要保证。人的素质包括许多方面，其中品行素质是一个重要方面，它是一个人的思想觉悟、言谈举止、为人处世的综合表现，直接影响着他本人其他素质的表现和发挥，也影响着全社会的健康和稳定。因此，培养学生的良好品行素质，将有利于学生的健康成长，有利于学生事业的建立和发展，有利于社会的进步和发展。我们多年从事班主任工作，一直探索着班主任如何在班级工作中去培养学生良好的品行素质。本文就此谈谈我们的一些心得和思索，抛砖引玉，与各位共勉。

第一，努力抓好"树立美好理想"的教育，培养学生健康成长的原动力。一个人的进步和发展是与他追求的目标密切相关的，只要有了一个明确的目标，才会有不断的追求、不断的努力、不断进取的动力，才会有克服困难、战胜险阻的勇气和毅力，才会有克服自身缺点和不足、摆脱其他诱惑和干扰的坚定信念和坚决的行动。否则，一个人没有奋斗目标，就没有了追求，没有前进的动力和方向，也就将无所事事，甚至误入歧途，随波逐流。因此，培育学生树立一个远大的理想，确立一个奋斗目标，学生才会有不断进取的原动力，才会有持之以恒，锲而不舍的追求和努力奋斗的行为。当然，让学生树立一个怎样的理想，确立一个怎样的追求目标，也是至关重要的。如何培养学生树立一个正确而美好的理想，如何让学生找到适合自身未来发展和追求的正确目标，是班主任培养学生良好品行素质的关键。所以，班主任在抓好"树立美好理想"教育方面要做出长期不懈的努力，要对学生进行长时间的理想动态的跟踪和美好意愿的发掘，通过各种方式进行说教、引导、鼓励和共同探讨，根据不同学生的智力、身体、性格和爱好的不同，扬长避短，帮助他们找到适合自己未来发展的追求目标，确立自己的美好理想，逐步建立起自己正确的世界观、人生观，并始终朝着自己的理想迈进，为之奋斗终生。例如，我们利用历史人物和历史知识对学生进行启发和爱国主义教育，培养学生的爱国精神，激发学生热爱祖国、报效祖国的热情和坚定的信念。通过历史上或当代许多伟人和名人对理想的确立和追求，引导学生树立起自己的美好理想，确立自己近期、中期、远期的追求目标，坚定学生达到目标、实现理想的决心和信心，并让学生始终付诸到自己的平常行动上。组织学生经常进行

世界观、人生观、理想与成功的集体讨论和辩论，让他们在讨论和辩论中交流思想，撞击出思想的火花，明辨是非，提高认识，充实思想，坚定信念。还要经常通过对学生进行个别谈心，开导思想，了解其思想的变化，及时提醒和纠正其错误和不足，同时鼓励他们朝着目标前进，坚定其信心，通过表扬的力量，肯定其进步，哪怕是一点点的小进步，让学生看到自己在前进，从而树立起实现理想的信心和勇气。所以，班主任工作在这方面要做得深、做得细，还要持之以恒，才会有成效。

第二，加强自身修养的提高，以身作则在培养学生良好的品行素质中，班主任自身的素质和修养的高低、言行举止的优劣，直接影响着学生的品行的形成。班主任在学生心目中，是有着极大威信的长者和教者，是学生学习和模仿的偶像，是学生的主心骨和靠山，对学生的影响甚至超过其父母。因此，班主任自己必须有崇高的理想、坚定的信念、美好的言行、高尚的道德，并为实现自己的理想奋勇追求，用自己的高风亮节和积极进取的人生态度去影响学生、鞭策学生。所以，作为担负教育和培养新一代优秀人才重任的班主任，加强自己各方面的学习，提高自身文化知识水平和实际工作能力，提高自己理想道德的培养，用爱国主义精神激励自己，培养自己的坚强意志和积极向上的乐观人生态度，全面提高自身的素质，是义不容辞的责任和义务。为此，我们班主任在较好地完成自己的教学任务，做好班级工作外，还应利用各种时间和机会，不断地努力学习，不断地争取更大的进步和成功，以自身的高素质和不断的进步与成功，去影响学生、激励学生，让学生在我们自身的闪光点上找到他们自己的影子，看到自己未来的希望，从而引发他们去树立更崇高、更美好的理想和积极向上的人生观，完善他们的追求。这样，造就他们更好更高的品行素质，使他们成长为建设祖国的高素质的新一代人才。

第三，发挥集体团队的力量，培养学生团结合作的良好行为。一个班级就是一个集体、一个团队，每个学生都生活在这个集体中，每个学生的言行举止的好坏、思想的形成、其个人素质的进步和提高，除了自身的努力之外，都受到来自他人的影响，同样也影响着他人。因此，教育学生如何处理好个人与集体、自身与他人的关系也是很重要的一环。作为领导这个集体的班主任，是这个集体的核心，要善于驾驭和掌握整个集体的思想变化，找出其共性和个性，因势利导，循循善诱，发挥集体团队的力量，通过开展多种形式的集体活动，促进学生共同的进步和提高，尤其是培养学生良好的团结合作精神和作风，是非常必要、非常有意义的。在当今竞争异常激烈的社会，单枪匹马、孤军作战已经无法适应时代了，而集体合作、共同发展才是当今社会发展的主流。因此，一个人能否与他人良好地开展合作已经是其必须具备的基本素质了。所以，我们必须从小培养学生的团结合作的良好品行素质，促进学生在集体的事业和活动中健康成长，在集体的事业中完善自己，实现自己的价值。作为一位班主任，对培养学生这种素质尤为重要，有着义不容辞的责任，起着不可替代的作用。班主任要利用各种方式，开展各种有意义的集体活动，指导学生在集体活动中开展合作、共同完成任务，从而逐步培养学生的团队精神和共同合作的良好作风，让学生在集体活动中，找到自己的位置，发挥自我作用，帮助他人、团结他人、学习他人，同心合力，共同进步，同时让学生认识到合作的重要性和有益之处，认识到不合作的危害和不足，从小形成团结合作、同甘共苦的优秀品格，为学生今后走向 社会求发展奠定心理和思想基础。班主任还要善于发挥集体团队的作用，利用集体的影响力，利用人的从众心理，利用人不甘落后的天性，带动并帮助个别后进学生不断进步和提高。同样，也要发挥集体团队的力量，让出类拔萃的优秀学生更加如鱼得水、脱颖而出，加快进步和提高，起着领头的作用，从而带动整个集体的快速进步，形成你追我赶的大好局面，让学生在集体的友好氛围中，互相学习、互相竞争、互相帮助、互相合作，共同进步和提高，不知不觉中形成团结活泼、相互合作、自由竞争、既善于竞争又善于合作的良好品行素质，成为适合新时代发展的更优秀人才。

班主任作为一种特殊的工作岗位，在培养学生良好素质的教育中有着举足轻重的重要作用，起到无可替代的作用。因此，我们认为，选拔和培养一批高素质、高水平的班主任，是学校搞好素质教育的重要一环。

二、学校德育教育视角下的学生品行素质

（一）德育教育的作用

人与人之间和谐相处是和谐社会的基础，社会整体的和谐离不开人与人之间的和谐。一个社会是否和谐，一个国家能否实现长治久安，很大程度上取决于全体社会成员的思想道德素质，没有共同的理想信念，没有良好的道德规范，是无法实现社会和谐的。社会和谐很大程度上有赖于人的主流意识的自我觉醒。而学校的德育恰恰是突出了对"人"的教育，职业教育以就业为导向，其德育除了具有和其他各类教育所共有的目标、内容、途径之外，学校还承担起了帮助学生了解心理知识、培养健康心理、增进心理能力的义务，注重职业意识、职业理想、职业道德以及就业观、创业观的教育，培养学生学会与人和谐相处、与社会和谐相处、与自然和谐相处的能力。大力发展职业教育，可以使更多的青年学生拥有健康的心理和人格，成长为构建和谐社会的坚实力量。

（二）学校是促进德育教育的前提

1. 要解决认识问题

这个认识不仅仅是学生的认识，还有教师和领导的认识，只有两方面都到位了，才能真正搞好德育教育，实施对学生的人文关怀。

2. 是学校主动增加德育教育方面的课程

例如有些学校在课余时间安排一些文化艺术活动。使学生在教学活动中真正成为主体，从而提高学生的主动性、积极性。在教学过程中，德育教育知识不能生硬地加到专业课中去，老师要言传身教。把教做事与教做人结合起来，以形象化、生动化、感性化、审美化的教学方式教育学生，这样才能收到良好的效果。

3. 加强对人文社团的扶持

比如，文学社、诗社、书法协会、公关协会等。对这些人文社团的扶持，一是给经费。二是关心社团组织者的成长。三是帮助和鼓励学生搞一些大型活动。

（三）教师是德育教育的坚强保证

1. 加强"班主任校本培训"课题结题报告的准备工作

对以往学期所开展的班主任培训与实务比赛等资料进行收集，并对班主任论坛、案例分析、优质主题班团课教案组织教师进行筛选与汇编。排定计划，定期组织课题组教师开展研讨，在学期期末形成课题的初步框架。

2. 抓好教师参与学生个案研究的培训与实施工作

学生处对受到处分的学生建立成长档案，并逐步推广教师联系制度，开展一对一帮教结对活动，从而使尽可能多的教师投入学校的德育工作，参与班级管理的实务。

3. 加强班主任助理的培训工作

适当调整各班班主任助理，明确与细化班主任助理参与班级管理的内容和时间，及时协调与沟通班主任与班主任助理的工作，使之在班级管理中能形成最大合力。由专人落实班主任助理的培训与考核，注重培训与实践的结合、个体自学与集中交流的结合。

（四）学生是德育教育的关键

1. 注重学生自我推荐与创业能力的培养

职校的学生离校后直接面对的就是就业，如何让他们在学校里就学会对自我能力的认识与推荐，自信地步入社会，成为职校德育工作的一个支撑点。要正确引导学生认识自我，发掘自身优势，在人际交往、谋职技巧、社会调查等方面加以辅导。

2. 以开展社团建设为出发点，注重对学生优势能力的发挥

校园活动的丰富多彩，是培养学生能力、交流的沃土。通过各种活动，为学生的团体意识提供良好的契机。加大对文学社的指导和工作条件创设的力度。使文学社既成为学校的氛围营造者，又成为文学社成员交流思想、培植能力、发挥特长的团体。指导教师每学期有计划地安排 2 至 3 次学习、交流沙龙和校外采风等活动，同时确定运行机制和相关章程，使文学社有机地运转，服务学校，服务学生。校园的氛围应体现自身特色，要充分利用学校现有设施，筹划与布置，使校园的墙、黑板、草坪都成为我们体现职教特色和提升学生专业思想的载体。

3. 优化学生会的工作职能，培养学生干部的组织与协调能力

进一步理顺团委、学生会组织机构，明确两者的工作内容与分工，让学生干部参与学校的管理工作，使这两个学生团体运作模式从教师组织开展，逐步过渡到教师指导，学生干部自主管理的模式，形成学生管理学生的校园化发展模式。进一步建立与完善学生干部培养体系，通过定期地组织学生干部学习管理方法，开展热点问题的讨论，到本市内的相关学校对口交流，邀请来访等形式，拓宽学生干部的交流面，使他们在交流中学习，在学习中成长，在成长中形成和谐的协调能力。进一步发挥学生团体的优势，组织开展学生喜闻乐见、参与性强的活动，通过活动锻炼他们的组织协调能力，培养他们的筹划和宣传的能力。

第三节　新时代学生品行教育创新

一、自我教育

教育的目的是达到不教育，自我教育作为教育的最高境界，是实现培养人才的有效手段。对学生而言，自我教育是指为了形成良好的道德品质而自觉进行的思想转化和行为控制活动，是学生实现自我发展目标而进行的自我培养活动。

（一）学生自我教育的必要性

诚然，在文化知识和专业技能方面，学生需要自我学习；但在提高道德品行方面，学

生的自我教育显得更为必要。学生自我教育的目的是教育自我，而教育自我的一个重要目的就是要适应社会、适应企业和用人单位的需要。通过发放调查问卷，并结合个别访谈和召开座谈会对调查问卷的深度和广度进行了扩展，我们发现学生在加强自身的学习能力、认识自我环境的能力、自我行为的约束等方面都存在一些不足和缺陷，甚至直接影响到他们的就业竞争。因此，加强学生的自我教育已是迫在眉睫，便于他们自我认识，自我更新。

(二) 学生自我教育的内容：

1. 自尊、自强教育

自尊指的是学生对自我的肯定以及对自身人格与尊严的维护心态。自尊是个体发扬优点、克服缺点的力量源泉，是自我教育的内在因素。正确的自尊意识，有利于学生克服自卑意识，激发向上的精神，树立远大的理想，确立坚定的信念。自强指的是学生不甘落后、不安现状、积极进取、拼搏向上的积极心态。学生期待靠自身努力和奋斗取得成功，渴望成为学习、生活、事业的强者。引导学生树立正确的自强观念，可以使学生立足现实、锐意进取；可以使他们树立正确的成才观念，形成竞争意识、创新意识、成才意识，形成适度的使命感、责任感和紧迫感。

2. 自信、自立教育

自信是指学生对自身的品德、知识、能力和价值的承认，是一种充分相信自己的智能与经历的自我意识倾向。而我们的调查问卷也显示，学生最欠缺的就是自信。因此，通过加强自信教育，使学生正视自己、立足当前、直面人生、重新做起，始终保持学习成才的自信；使学生充分发挥自己的主观能动性，不断挖掘潜力、发挥优势，努力成为"拿得起、用得上、顶得住"的一线人才。

3. 自省、自律教育

自省，指的是学生用正确的做人标准和道德规范，经常自觉地评价、反省和鞭策自己，在不同的环境中学会辨别善恶、是非、美丑，善于学习他人。通过引导学生自省，可以使学生自觉接受正确的影响，实现"内化"与"外化"的统一。自律指的是学生自己约束自己，将自己的行为限制在校规校纪及班集体规则的范围之内。通过自律教育引导学生理智处事，忍耐克己，将他律变为自律。

（三）学生自我教育的途径

1. 发挥榜样作用，唤醒学生自主意识

自我教育作为实现自我发展目标而进行的自我培养活动，既是自我意识发展到一定水平的产物，又是推进自我意识发展的力量。自我意识、自我教育和榜样作用三者的关系如下：产生自我意识——产生自我发展意识——进行自我设计——寻找自我发展的楷模——自我发展。提供有价值的榜样，可以促进学生自我意识的发展，使以自我认识为基础的自我教育不断深化。榜样的力量是无穷的，要利用正反两方面的事例，教育学生正确地区分真善美与假丑恶，在道德评价中逐步提高自我的道德水准，向陋习告别，与文明握手，完善自己的人格。

2. 发挥网络的积极作用，创造良好的校园氛围

互联网、学生社团、教室构成了学生日常生活的三大环境。面对教学环境和教育对象的实际改变，学校要通过校园网开辟专栏"论坛"，提高互动性、双向性，改变传统灌输的教育模式，加强说理，发挥教育对象的主体地位和自主意识，使教育对象提高自我教育的能力。

3. 投身实践活动，在实践中进行自我教育

学生投身社会实践活动是"经风雨、见世面、长才干、做贡献"的重要途径，是推进素质拓展计划的重要举措。积极开展青年志愿者等活动，培养学生的奉献精神和爱心，弘扬社会主义美德，使他们在实践中提升自我。

4. 重视心理健康，在健康的环境下接受自我教育

把学生心理健康教育纳入思想政治教育范畴。开辟"心灵驿站"，开设心理健康教育课程，建立学生心理档案，创办学生心理健报刊等，通过各种方式关心和重视学生的心理健康，体现人文关怀。

5. 营造进取的班风，在集体的引导下不断完善自我

在建立完善合理的学生组织，培养得力的学生骨干队伍，确立明确的奋斗目标，并建立一整套适当的评价体系后，组织号召学生积极投身集体活动，培养团队精神，在集体主义氛围熏陶下，潜移默化地发展进步。

学生在大学时代需要增强自我教育，投身社会后更需要自我教育，只有不断地进行自我教育，才能正确认识社会，正视现实，提高自身素质。

二、家庭教育

家庭是除了学校之外对青年学生的成长有重要影响的场所。对学生而言，家庭教育是父母或年长者在家庭中自觉的、有意识地对他们进行的教育。它强调是家长有意识的行为，是一种融入家庭生活，自然而然进行的教育。

（一）家庭教育的必要性

面对多变的社会和复杂的时代，学生的成长充满了越来越多的压力和选择困惑：①家庭结构的改变，父母对子女更加关注，子女也要求更多的关爱，彼此如何满足对方的情感需要又不至于干涉个人自由是一个高难度的课题。同时，有的家长成天忙于经商赚钱，有的家长是因为自己的不良作风和品质对子女的潜移默化的影响。现代社会离婚剧增和家庭的重新组合，造成子女倍受心理磨难，如果没有父母的关怀指引，易走上歧途。单亲家庭成长的学生更需要来自父母双方的关爱。②数量庞大的学生的就业竞争越来越激烈，他们承受的压力也越来越大。③教育无法满足学生个性化的学习要求，出现不少失败的学生。日益增多的离家出走学生、问题行为学生和行为不良学生显示他们个人生活和社会角色的全面失败。

（二）家庭教育的途径

1. 建立健康亲子关系

健康亲子关系是家庭教育的基础。许多父母很重视与子女建立良好亲子关系，但辛辛苦苦的行为却没有赢得子女的爱。依照人本主义心理学家马斯洛（Abraham H. Maslow）的人的五大需要的理论，要注意给予子女熟悉的生活作息与环境、一致性的管教态度与行为规范，建立安全感；通过积极倾听，坦诚鼓励对方以语言表明想法与感觉，维持有效沟通；给予子女适当的尊重与自尊等途径来建立亲子关系。

2. 重视劳动教育

劳动教育之所以重要，是因为只有通过劳动，才能让他们理解劳动的意义，懂得劳动的艰辛，知道劳动成果的来之不易，从中磨炼学生意志，培养学生的责任心，使他们学会勤俭节约等。同时，加强对学生的劳动教育还有助于抑制学生的物质享受欲和在同伴交往中的攻击性倾向。另外，从品德养成看，劳动教育还有助于形成学生良好的品德习惯。因此，从事力所能及的劳动的功能不在于它能带来多少劳动成果，而在于通过劳动，给他们创造出养成健康生活态度的机会。

3. 提出合理的教育要求

家长是否重视对学生进取精神和独立意识的培养不仅是学生能否在学业上有所长进的重要因素，而且也是学生品德形成和性格健康发展的重要因素。但当前，不少学生身上表现出进取心不强，学习动力不足，追求物质享受，生活上依赖性强，独立性差以及自我中心、缺乏谦让等不良品质。这些问题的存在与教育要求缺乏或不合理，或者即便有要求但又缺乏激励作用等原因有着直接关系。

4. 建立民主的家教方式

"不打不成器""棍子底下出孝子"，典型地道出了传统家教中是如何地重视惩罚的作用。但从有关的研究结果看，在学业成就方面，民主性教育方式却有助于提高学生的学习成绩；在性格发展方面，民主的教育方式才有助于学生性格结构的健康发展，有助于抑制学生的物质享受欲；有助于养成学生稳定的情绪特征；有助于培养学生的求知欲和奉献精神；有助于锻炼学生客观、全面地认识问题；有助于养成学生行为的自觉性、自制力、毅力和果断性；有助于培养学生的责任感、荣誉感和进取精神；有助于形成学生在人际交往中的诚实、关心他人的良好品质。这说明，家庭教育的主要方式应当是以说服、引导为内涵的民主的方式。

三、社会教育

随着社会、经济和科技的迅猛发展，传统的学校教育已日益显出其自身的局限性，难以适应快速变迁。人才培养和青少年成长，不仅需要各级各类学校的努力，而且需要良好的社会环境。加强社会治安综合治理和文化建设，一方面要坚决抵制各种封建迷信、腐朽思想文化对青少年的毒害；另一方面要加强社区建设，积极创造有利于青少年健康成长的家庭、邻里和学校环境。社会教育是家庭和学校之外的社会组织、团体、文化机构对学生直接或间接地进行的各种教育，包括大众传媒教育、校外教育和社区教育。

良好的社会氛围，优良的社会环境，是加强和改进学生品行教育的重要条件。一是要优化舆论环境。各新闻媒体要发挥各自优势，积极制作、刊播有利于身心健康的公益广告。舆论导向应多一点正面教育，少一点反面"教材"。正面教育的形式要多要活，要以劳模、工匠精神促使学生从心中升起对时代英雄的敬仰之情、自豪之感，引导他们形成正确的人生价值观、荣辱观等。反之就会给可塑性强的学生提供模仿的反面"活教材"，久而久之，潜移默化，就会起到不良的诱导作用。要抓好互联网站和互联网上网服务场所的管理，认真落实各种政策规定。二是要优化文化环境。要精心策划，积极推进文化信息资源共享工程，让健康的文化信息资源通过网络进校园、进社区、进乡村、进家庭，丰富学生的精神文化生活。通过加强对营业性歌舞娱乐场所等社会文化场所的管理，不断净化文化市场。三是要优化法制环境。进一步做好维权工作，引导学生学法、守法，依法保护自身权益。

四、学校教育

长期以来，人们对学校的品行教育寄予了较高的期望，自学校成立之日起，就承担了育人的重大使命。传承和推广社会公德，培养和形成健全的人格，解决学生在成长中的思想、道德和心理问题等等，越来越成为学校品行教育的主要任务。

（一）学校品行教育的内容

品行教育的关键是组织和促成学生投身实践活动，让思想品德教育植根于生动、丰富、现实的生活世界里。学校应该把握好学生特点，从对成人意识、职业意识及公民意识的培养入手，帮助他们摆正索取与回报、成才与成人的关系，将公民道德教育渗透到平时的德育实践中。

1. 走进学生生活

学习和掌握基础文化和专业技能是学生从事的主要活动，因此在学习中进行品行教育，成为学校道德建设的重要组成部分。主要包括在学习过程中体验成功和失败，体验分歧和争论，从而引导学生形成良好的学习品质和习惯、坚强的毅力、友好合作的态度和强烈的竞争能力。让学生在学习中体验校园文化和传统，培养他们良好的人文情怀。学校的课程教材全面渗透了德育的内容，只要我们的教师深入挖掘，善于做德育的有心人，在课程教学中及时引导学生从品行角度去感受感悟，一定会收到良好的教学效果。围绕教会学生"学会做人、学会生活、学会求知、学会健体、学会创造"为目标，全方位、多层次地开展了丰富多彩的学生教育活动，大大促进了学生综合素质的提高。

2. 走进交往生活

在校学生当中，有相当一部分是独生子女，他们在学习和生活中，人际关系问题日益突出。在他们中间出现了不会交往、不敢交往、畸形交往等问题，严重影响了他们的身心健康和个性发展。为此对学生的品行教育要积极倡导走进他们的交往生活，在交往生活中培养和锻炼自己的交往能力，建立团结友爱、平等宽容、互帮互助、诚实守信的人际关系。

3. 日常生活

随着社会的进步和物质生活的日益丰富，人们在生活观念上发生很大的变化，应该养成怎样的生活习惯，成为摆在学生面前的现实而紧迫的问题。学校的品行教育应该抓住这一主题，创设情景，开展一系列实践活动，让学生真实地体验勤劳节俭、自尊自爱、量入为出的生活方式和高雅的生活情趣，培养学生健康的生活习惯。

（二）学校品行教育的途径

1. 要以规范养成教育为基础，校正行为习惯

刚进校学习的学生，应该完成两项任务，一是接受教育，养成良好的行为品质；二是学习知识，掌握扎实的专业技能。结合他们的实际，德育工作的重心就是要搞好规范养成教育，帮助学生养成良好的行为品质，要坚持"德育为首，成人居先，育人为本"的宗旨，将品行教育效果落到实处。

灌输是前提。道德知识不会在头脑中自然形成，必须采取一定的方式和方法予以灌输，对待有品德缺陷的学生，尤其应该如此。因此我们必须有意识、有目的对他们进行品行教育。在传授道德知识的同时，帮助他们分析各种事物间的关系，认清现实社会发展的形势和自己的地位、作用。使他们在老师和家长的教育下，掌握道德知识，形成道德观念，用高尚的思想、道德、观念来指导自己的行动。事实上，《学生守则》中规定的行为规范已经涵盖了作为学生应该具备的基本道德准则，以及社会公德、家庭美德等方面的基本要求，可以说是对学生进行道德教育的蓝本，同时，要充分发挥课堂教学的主阵地、主渠道作用，有计划地从各个不同角度和不同方面贯穿和渗透的社会主义荣辱观教育，使"八荣八耻"成为学生行为准则和习惯。

关键是引导。我们所面对的是正在成长的学生，他们的思想活跃。老师的教育和引导是他们的思想成熟的关键环节。教师的引导要注重从爱护学生，尊重学生的人格出发，因为爱心、理解、同情，是教育功能的精髓，也是教育的前提。我们要以爱心排除学生的失落感，学生不是学习机器，而是具有感情的社会人。教师应主动地与学生建立一种平等的师生关系，取得学生的充分信任；要能够敏锐地观察学生的喜怒哀乐，带着感情从事教学工作；其次要用咨询解除学生的烦恼感，心理咨询是学校不可缺少的一种心理健康教育方式。通过心理咨询机构专业人员的工作，可以使学生减轻和解除心理压力，重建正确的认知模式，以科学的态度面对人生。

核心是自律。他律是基础，自律是核心。从现状看，学校的生源质量就成问题，加上

学生认知能力和意志力的双重不足，极易导致学生的不良人格。在规范养成教育中，我们就要努力去唤醒他们的主体意识，因为学生的主体意识愈强，他们参与自身发展，在学习活动中实现自我的自觉性就愈大，从而也就愈能在教育活动中充分发挥自身的巨大潜能。实践证明，教育学生经常对"来到学校为什么？成人、成才；到了学校做什么？求知、求技；将来离校会什么？立业、创业"等理论作些理性思考，在很大程度上能增强学生自律的自觉性，帮助学生从感性认识上升到理性认识，从道德认知过渡到道德行为，学会自我管理，自我教育，自我服务，从根本上校正各自身上的不良行为习惯。

2. 要以职业道德教育为主线，培植道德情感

今天学习不努力，明天努力找工作。这句话正好可帮助我们找到学校进行公民道德教育的最佳突破口，那就是通过加强职业道德教育，培植道德情感来激发学生内在的学习兴趣，实现德育目标，提高学生道德素质，促进学生健康成长和发展。

职业意识的培养是前提。现在的学生，很多是把能否赚钱能否就业作为求学、求职的标准，对职业的认识存在着严重偏差。学校要采取多种形式，加深学生对职业的内涵、功能、素质及职业与专业的关系等方面的认知，通过培养学生正确的职业意识，来转变他们对专业学习目的的片面认识，增强他们的学习信心和动力。

职业能力的训练是关键。从需要和可能两方面来看，学校应该大力强化技能训练，要引导学生在学习的过程中不能只有学知识的意识，而缺乏提高能力的意识，不但要"学会"，而且要"会学"。这样当学生具有一技之长时，就会产生一种成就感，我们就能在提高教学效果的同时，也提高了学生的心理健康水平，使学生在多方面的成功中得到心理满足，从而以成功来树立起学生的自信心。

职业理想的树立是核心。成才先成人，成人先立志，职业理想的树立有助于每个学生人生目标的确定，增强人生前进的动力，激励人生价值的实现。我们如能帮助学生尽快制订一个方向正确、目标实在、符合实际、措施具体的职业生涯规划，就能很好地引导他们珍惜现在的学习光阴，踏踏实实地投入到学习中，从根本上扭转学生厌学的心理。

3. 要以社会实践活动为载体，提升道德素质

良好的品行的养成仅凭说教是不可能实现的，最重要的是实践，要学会在实践中去感悟。一方面要充分利用假期组织学生深入到广大农村、厂矿企业进行参观、调研、实践，让他们广泛接触社会、开展实践活动，去体验工作的艰辛和艰辛工作中的敬业奉献，去感悟生活的不易和不易生活中的热情乐观，这不仅能使学生的动手实践能力、社会适应能力大为增强，而且能大大提高同学们的道德意识和水平。另一方面让他们在活动中受教育，

经常组织各种有益的课外活动，使学生在课外活动中学知识、练意志，发挥自己的才能，避免因精力过剩而产生不良行为。教师节、中秋节、国庆节、地球日、劳动节、母亲节、助残日、环境日、禁毒日等节庆日都是教育引导的最佳时机。

只要坚持以学生为中心，在育人目标上多做文章，在工作方法和手段上多作创新，营造良好的教育氛围，借助各种德育资源，对学生进行全员、全方位、全程的教育，才能真正把学生培养成知行统一的实践者。

第七章　新时代校园管理工作的创新

第一节　新时代团建与社会实践的创新

一、学校团建工作

(一) 学校团建工作的特点

第一，团组织建设尚待完善，需加强学生思想道德教育，保持团组织的先进性。

从中央到地方各级部门都强调进一步加强学生思想政治教育工作，这也是学校基层团组织工作职能的重心。学校教育工作作为社会主义教育的重要组成部分，必须全面贯彻党的教育方针，不仅要为用人单位提供合格的技术人才，而且要培养德、智、体、美、劳等全面发展的社会主义事业的建设者和接班人。鉴于当代青年主体意识增强，关注焦点转移，崇尚务实等基本特征和人生观、价值观多元化的思想实际，更要坚持把德育放在首位，特别是学生，他们将深入社会基层，通过他们所从事的职业来为社会主义现代化服务，其思想政治将体现在职业态度中。学校团组织，应始终坚持"以人为本，德育为先"的原则，把学校德育工作放在团的工作首位。

第二，团日活动开展还需加强。坚持团日活动与职业技能培养相结合，增强团组织凝聚力，确保基层团组织的服务性。

学生属应用型人才，他们将在自己的工作岗位上运用有关的科学原理、技术去处理在组织、实施、保障生产过程（流通或服务）中遇到各种较为复杂的技术问题。由于现场处理人、事、物往往需要应用多学科知识，同时必须善于与人沟通、与人共事。基于人才的培养模式，学校团组织，不仅应是团员青年的社会主义政治课堂，为他们赋予思想，还将是团员青年的职业技能竞技场，为他们赋予"血液"。这种思想、这种"血液"赋予的有效途径有两条：一是根据专业特色建立各种兴趣小组和学生社团，在团组织的领导下开辟活跃的第二课堂；二是开展特色团日活动。结合学校人才教育教学，团日活动应形式多样，如以思想教育为主体的（由学校学生特点选取）有：浅显易懂的团课；团员青年积极参与的讨论会、辩论会；结合党建思想，中心工作，热点焦点的征文比赛；传达党和国家的指导思想和行动指南，了解国际国内形势，了解校内外动态的简报；具有较强的表现学生欲望又受社会肯定的手抄报等，能让团员青年在活动中拥有多种收获。

第三，共青团组织在学生中的领导地位尚需加强。坚持组织重大活动与综合素质的培养相结合，确保基层团组织工作职能的前瞻性。

（二）新形势下团建工作的原则和重点

1. 思想重视，目标明确，始终坚持四个基本原则

（1）坚持党的领导原则

坚持党的领导的原则。团的组织必须始终不渝地坚持党的统一领导，创造性地贯彻执行党的路线、方针、政策，在政治上、思想上、行动上同党中央保持高度一致。这是做好共青团工作的根本保证，是共青团作为党的助手和后备军的基本要求。

（2）坚持服务育人，服务青年成才的原则

青年学生是祖国的未来，民族的希望。赢得青年，我们才能赢得未来，赢得希望。学校是培养和造就青年人才的重要阵地，只有紧紧围绕学院育人工作中心，将服务青年成长成才作为工作宗旨，共青团工作才具有更大的生命力。

（3）坚持制度化建设原则

为加强共青团工作制度化建设，学院团委先后制定完善了《分团委工作考核办法》《团学干部考核办法》《团内奖励条例》《团干培训制度》等，使我院的团工作更规范化和制度化。为加强对共青团工作的领导，学院党委组织部近年来先后制定了《关于认真做好推荐优秀团员作为党的发展对象工作细则》《业余党校培训制度》《发展党员公示制度》等制度。

（4）坚持"党建带团建"原则

"党建带团建"，团旗更鲜艳，这充分说明了党建工作对团建工作所起的重要促进作用性。如通过学生党团支部"一帮一结对""党员八个一、四个一"等途径，充分发挥党组织的教育作用和党员的示范带动作用。另一方面，团组织通过鼓励学生参加马列研究小组并开展相关的活动，帮助学生树立正确的世界观、人生观和价值观，不断增强学生坚持走中国特色社会主义道路的政治信念。积极发挥共青团组织作为党的得力助手和后备军作

用，促进了学院积极分子和党员队伍的壮大和发展。

2. 加强研究，把握重点，抓住三个重点

（1）干部队伍是关键

干部队伍建设是任何一个组织自身建设的关键。一个整体素质较高、工作能力较强、思想作风过硬的团委班子对于完成创建任务、加强自身建设、做好团的工作具有决定性作用。要拓宽视野，改进方法，通过公开竞争、组织挑选等方式把那些觉悟高、干劲足、能力强的优秀青年党团员选拔到基层团委领导岗位，放在关键位置，努力做到干部带班子、班子带队伍、队伍促发展。加强班子思想政治建设，注重学习培训，增强理论素养，提高政策水平，学院团委坚持总院和二级学院分层次举办的方法，每学年举办两期团干部培训班，学院还经常组织优秀青年团学干部到校外参观、考察、交流、取经等。通过这些方式，广大团学干部在掌握共青团工作基本理论与知识的基础上，对新形势下，共青团工作的特点、重点、难点、规律、途径、方法、手段、机制与模式等方面的内容有了新的认识和了解，工作的能力和工作水平获得了较快的提高。加强班子能力建设，立足岗位锻炼，强化实践磨练，切实增强班子成员遵守法规、掌握政策、民主议事、服务青年的能力，增强思想教育、组织动员、协调联络、真抓实干的能力，想干事，会干事，干成事。

（2）阵地建设是依托

阵地是工作的基础，是服务青年的依托。要立足团内，放眼团外，发挥组织优势，整合社会资源，加强团属阵地建设，用活团外活动阵地，注重传统阵地、有形阵地建设，加强新兴阵地、共用阵地建设。强化市场意识，树立经营理念，采取市场化、项目化和社会化运作模式，自主兴建、合作建设一批阵地。根据广大团员青年的兴趣和需求设计项目和活动，通过项目和活动来寻找阵地和载体，不求所有，但求所用。近年来，学院团委着重加强了社团、社会实践基地、青年志愿者服务基地、文化活动中心等阵地建设。积极借助社会各界的人力、物力、财力，充分利用大众传播媒介、社会公共文化设施和教育设施，开辟基层团组织服务青年、开展活动的新阵地，巩固和拓展共青团做青年工作的物质基础，切实做到活动有阵地，工作有依托，经费有保证，构筑牢固的基层团的工作保障体系。

（3）工作成效是根本

成效是作为的体现。有作为才有自身的位置和价值，才能显示出其岗位的重要性和必要性。因此，每一项工作都要有所作为，把工作建立在成效上，以扎实的工作促进全局的发展，从而实现自身的最大价值。这是共青团工作对每一位青年团员的要求，也是个人作为社会个体所应具备的基本能力。近年来，各学生社团活动蓬勃开展，形式多样，内容丰富，学习气氛日益浓厚，社团阵地活动育人作用得到有效发挥，较好地适应了学分制条件校园文化发展新要求，也为新形式下探索团组织建设新模式提供了广阔平台。而且有的社团及其成员在市内外比赛上取得良好成绩；重点培养的精品社团，代表学校参加市各大学校社团展示，把我院的特色充分展示在众人面前的同时也体现其自身的价值与作用。

二、新形势下团建工作创新途径

（一）新形势下团建创新研究的必要性

第一，推进团建创新是共青团组织更好地适应经济社会发展的实际需要，也是团建跟上党建步伐的必然要求。随着社会的发展，我国经济社会发生了巨大的变化，经济体制、社会结构也发生了广泛而深刻的变化，这些变化对团组织建设产生了深刻的影响，提出了新的要求，是团建创新的原动力。共青团与党有着特殊的政治关系，党建的创新发展，必然对团组织建设提出新的要求，必须进一步加快团建创新步伐。团组织在新的历史条件下，要很好地履行三大职能，圆满完成党赋予共青团的任务，就要不断加强团的建设，积极推进团建创新。

第二，推进团建创新是适应青年变化和需求，是把服务青年提高到一个新水平的必然要求。随着我国社会经济成分、组织形式、就业方式、利益关系和分配方式日益多样化，当代青年的思想观念、价值取向、生活方式、行为方式也发生了深刻变化，视野更加开阔，需求更加多样，对服务质量和层次的要求越来越高。在学校共青团工作中，随着教育体制改革的深入，学校共青团的内外部环境发生了很大变化，共青团建设面临许多新情况新问题。如不完全学分制的实行、学生宿舍完全公寓化管理等，使团的基层组织建设面临严峻考验。这就要求我们必须适应这些变化和要求，创建更为合理有效的工作机制和管理模式，切实为青年成长成才提供服务。

（二）新形式下团建工作创新途径

1. 组织创新

第一，积极探索新的共青团基层组织设置形式，实施"多种模式，多种覆盖"的工作思路。团组织要以有利于发挥团的作用为目标，把基层组织建设摆在突出位置，大力加强组织创新，推动基层组织建设在创新中得到巩固和加强，不断扩大团的基层组织的覆盖面。一是坚持党建带团建，不断深化和规范"五四红旗团委"和"五四红旗团支部"的建设。二是要拓展团建领域，按照"区域覆盖、条块结合、以块为主"的原则，加大团建力度，找准学院发展与青年需求之间的结合点，不但要建起来，而且要发挥更有效的作用。加大各班级团支部组织中的建团力度，根据各自专业特点建立健全团的组织。三是要创新组织设置形式。各二级学院还有各班级团支部要按照有利于联系团员青年，有利于增强内在活力，有利于整合工作力量的原则，采取灵活多样的形式，合理调整团的基层组织设置。

第二，巩固和加强现有的班级团组织建设。共青团工作是学校德育工作的重要组成部分，抓好团组织建设，有利于学校德育整体工作的开展，有利于全面推动素质教育的实施。在以班级为单位设立团组织仍是最主要的一个形式，因此，在班级管理中加强团组织建设，对于帮助学生树立正确的人生观、价值观，培养学生良好的思想道德品质是至关重要的。①班级团工作也要积极争取与班级导师和班主任的配合；②选拔好的团干部并注重培养；③实践入手，注重理论与实践相结合。

第三，加强学院二级团组织建设。二级学院有自己的党总支，学生的思想政治工作都是在党总支的指导下开展起来的。加强二级团组织建设更有利将团工作在学生当中深入开展，让每个思政工作者都参与到团工作中，不仅有利于学生校园文化的开展更能让团工作得到多方面的支持，收到更佳的效果。

第四，加强学生会和学生社团的建设。学生会作为一个由学生自治的社会组织，其自身建设至关重要，而学生会自身建设的关键，是学生干部队伍的建设。因此，切实加强学生会自身建设，就得从学生干部队伍入手，培养和造就一支高素质的学生干部队伍，承担领导学生开展丰富多彩且具有创新意义的实践活动的责任，才可为学生会稳定健康发展提供坚实可靠的组织保证。学生会是参与学校管理、校园建设和校风建设的重要基层组织，努力加强自身建设，促进和履行本部门职能的规范化和制度化，就需要从以下几个方面着手：①认真组织学习理论，接受培训；②切实加强内部建设，充分发挥六种力量的作用；③统一思想认识，加强经验交流。

2. 制度创新

第一，以制度创新为保障，培养有特色的人才。当代的学生由教育福利的受益者变成了教育消费者，使得学生的教育主体地位进一步增强，对学校的学习、生活、成长环境、就业服务等有了新的更高的期望和要求；学生就业的市场化，客观上也要求共青团组织拿出新的、有效的凝聚学生和服务学生的手段和方法。要适应教育创新要求，培养出一批批有特色的人才，团组织一定要以自身的工作制度创新作为重点，构建适应教育创新的"一体两翼"的组织体系和工作运行格局。"一体两翼"是指以共青团组织为主体，以学生会组织、学生社团组织为两翼。这种工作运行格局，是把学校共青团建设和学生会组织、学生社团建设通盘考虑，从而延伸团工作手臂，扩大团工作覆盖面，增强新时代学校团组织对青年学生的凝聚力，提高团工作的生机与活力，确保学校学生会、学生社团组织正确的工作方向。

第二，创新以学生为主体，以教师为主导的运行机制，不断拓展团工作职能。面对时代的发展、社会的进步和青年学生对自身多元追求的需要，学校共青团工作要主动适应形势发展，创新以学生为主体、教师为主导的运行机制。这个机制体现在：尊重学生兴趣选择，正确引导学生的个性发展。与先前的教育模式最大的区别在于其创造力、行为力和意志力的获得和进一步加强。共青团组织的有专业特色的活动比之前传统的单纯的思想政治教育更能吸引学生的兴趣，被吸引然后参与，参与才有可能达到教育的目的。

第三，以教师为主导，利用教师的人格魅力，教会学生更好地做人、做事、做学问，发挥教师的专业水平，拓宽知识传授的空间。教师将专业教学内容融入共青团工作，能更好地强化共青团工作的育人功能，拓展第二课堂的内容，激发青年学生对专业的热爱，引导青年学生重视为社会服务的专业技能的学习。

3. 工作创新

（1）加强学风建设，营造浓厚的学习氛围

激发学生的学习主动性，在潜移默化的过程中达到教育目的。以共青团活动形式开展学生的第二课堂，能在很大程度上担负起引导学生积极向上、培养浓厚的学习兴趣、树立正确的学习态度、养成良好的学习方法的任务。第二课堂为学生拓宽知识面，完善知识结构，提高学术科技水平提供了良好的场所，是学生成长成才的重要载体，通过形式多样的活动，吸引学生积极参与，形成信息全面、交流通畅、竞争合理的氛围，积极创造条件，努力把学生真正培养成专业知识扎实、竞争能力强、综合素质高的优秀人才。

（2）积极配合党组织的工作

对应党员的发展工作，实施团组织的"两引靠、两推荐"活动。为党组织输送新鲜血液始终是共青团组织的重要而基本的任务。多年来，各级团的组织始终坚持开展"两引靠、两推荐"活动，即引导团青年向党组织靠拢，引导青年向团组织靠拢，加速团青年素质的提高。我们以党章、团章学习小组为中心，突出青年入党入团阵地建设；以新经济组织为突破口，降低团员发展入党推荐的"空白点"；以一线、一流团干部为重点，切实提高学生党员比例，进一步推进推优入党工作；以制度建设为核心，明确党团"引靠"工作规范；以"党团"结对为载体，提高工作的有效率与覆盖面，从而保持了学生党员比例占5%以上。

三、学生社会实践

（一）学生社会实践的功能与特点

1. 功能

学校的培养目标是培养社会主义事业的建设者和接班人，职业院校以培养应用型人才为根本。这样的人才要有坚定正确的政治方向，要有一定的专业文化知识，更要有劳动的观念和实际的动手能力。所以职业院校对学生的培养过程更加注重实践环节，社会实践正是这个实践环节的加强和有力补充。社会实践也是学生认识社会和深入开展学生思政教育的有效途径。

2. 特点

第一，社会实践是一种教育活动。职业院校的培养目标决定了培养方式十分注重实践环节，注重学生的动手能力和实际解决问题的能力培养。社会实践通过学生参与社会生活，使学生对国情的感性认识更加丰富，对社会的了解更加深入，在接触实际的过程中巩固和深化课堂所学的知识，锻炼和增强解决实际问题的能力。

第二，社会实践是在组织学生参与社会生活的过程中达到教育的目的，是以学生亲自参与为主要教育途径的特殊教育形式。社会实践的目的是使学生在实践中受到教育，增长知识和才干。学生离开了对社会生活的亲身参与，实践就失去了它的意义，所有必须使学生积极地参加到社会的政治、经济、文化生活中去，而不是作为社会生活的旁观者。

第三，社会实践也是学生回报社会的有效途径。通过去贫困地区支教，到社会主义新农村调研，走进社区及志愿者活动等社会实践活动加强了学生和社会的联系，加深了对国情的了解，也深化了课堂知识，对认识自身的价值，树立正确的价值观、人生观都有一定的意义，同时也通过实践用自己的方式回报了社会。

（二）学生社会实践的原则与模式

1. 原则

理论联系实际是我党的优良传统和作风，教育和生产劳动、社会实践相结合是党的教育方针的重要内容，理论教育和实践教育相结合是思政教育的基本原则。学生参加社会实践，了解社会、认识国情、增长才干、贡献社会、锻炼毅力、培养品格，对培养学生成长成才有着重要意义。

社会实践的工作原则：第一坚持育人为本，牢固树立实践育人的思想，把提高学生思想政治素质作为首要任务。第二坚持理论联系实际，课内与课外相结合，提高社会实践的针对性、实效性和吸引力、感染力。第三坚持受教育、长才干、做贡献，保证学生社会实践长期健康发展。第四坚持整合资源，调动校内外各方面积极性，努力形成全社会支持学生社会实践的良好局面。

2．模式

（1）以教学实践、专业实习为主要内容的社会实践

把实践教学作为课堂教学的重要组成部分，使学生在参与实践教学的过程中，深刻体会蕴涵在各门课程中反映人类文明成果、弘扬民族精神、体现科学精神、揭示事物本质规律的内容，培养学生的创新精神和实践能力。

（2）开展社会调查

围绕经济社会发展的重要问题，开展调查研究，提出解决问题的意见和建议，以实践报告的形式形成调研成果。

（3）开展生产劳动和社会服务

学校和社会创造条件，引导学生参加生产劳动，培养学生的劳动观念和职业道德。倡导学生参加志愿服务等公益活动，引导学生运用所学知识和技能服务人民，奉献社会，培养为人民服务的道德观，弘扬社会主义道德风尚。

（4）开展创业设计规划和科技发明

引导学生在社会实践中参与技术改造、工艺革新、先进技术传播，为社会经济发展献技出力，不断提高学生的科学素养，培养良好的学术道德，弘扬求真务实、开拓创新的科学精神。鼓励学生开展创业规划和实践，提高创业技能，缓解就业压力。

（5）开展勤工助学

鼓励学生在完成学业的同时，积极参加勤工助学活动。通过参加勤工助学，学生不但取得合理的经济收入，还增进对社会和国情的了解，也锻炼了能力。

（6）开展"红色之旅"参观学习

充分发挥博物馆、纪念馆、展览馆、烈士陵园等爱国主义教育基地的教育作用。组织学生到革命纪念地、改革开放前沿和经济社会发展成效显著的地方学习参观，了解中国革命、建设和改革开放的历史和成就，增强学生对党的感情，对中国特色社会主义的热爱，增强他们的责任感。

（三）学生社会实践活动发展的方向

面对新形势、新任务、新情况、新变化，学生社会实践还存在一些薄弱环节，必须在

巩固已有工作成果基础上，不断拓展社会服务的新领域、新载体、新形式，进一步加强和改进学生社会实践，使之在学生思想政治教育中发挥更加积极的作用。

一是探索建立社会实践与专业学习、服务社会、勤工助学、择业就业、创新创业相结合的管理体制。要把社会实践纳入学校教学计划，规定学时学分，对学生参加社会实践提出时间和任务要求，制定行之有效的考核办法和激励机制。如把学生社会实践作为对高等学校办学质量和水平评估考核的重要指标，纳入高等学校党的建设和教育教学评估体系。

二是建立多种形式的投入保障机制。对教学实践、专业实习、军政训练，在学校教学经费中作出安排，鼓励人人参加；对大的社会实践项目学校建立专项经费，并寻求地方政府支持；对社会调查、生产劳动和社会服务、科技发明、勤工助学，大力提倡和引导学生自愿参加，并寻求政府和社会各方面予以一定支持。

三是把学生社会实践与教师社会实践结合起来，组织学校干部教师参加、指导社会实践。学校党政干部和共青团干部、思想政治理论课和哲学社会科学课教师、辅导员和班主任都应参加学生社会实践活动。鼓励专业教师参与、指导学生社会实践。

四是建立相对稳定的学生社会实践基地。学校主动与城市社区、农村乡镇、爱国主义教育基地、企事业单位、部队、社会服务机构等联系，本着合作共建、双向受益的原则，从地方建设发展的实际需求和学生锻炼成长的需要出发，建立多种形式的社会实践基地，力争每个学校、每个院系、每个专业都有相对固定的基地，长期坚持，使学生受锻炼。

第二节　新时代校园文化建设创新

一、校园文化的内涵

（一）校园文化及其内涵

校园文化作为一种社会文化现象，自学校教育产生之日起就已经存在，但校园文化概念的出现却是新近的事情。"校园文化"的概念是源于美国学者华勒（W. Waller）于20世纪30年代提出的。20世纪80年代以来，受组织文化研究的影响，我国也掀起了校园文化研究的热潮。如今，校园文化建设的理论探讨方兴未艾。对于什么是校园文化，众说纷纭，可谓见仁见智，主要有以下几种：

第一，校园文化是第二课堂和课外文化娱乐活动，是第一课堂的延伸；

第二，校园文化是对学生进行管理和思想教育的一种方法和手段；

第三，校园文化就是学生文化；

第四，校园文化就是校园文化活动；

第五，校园文化就是大学文化；

第六，校园文化是学校在教育及管理过程中形成的一种精神意识和文化氛围；

第七，校园文化是学校发展过程中逐渐形成的特定文化传统；

第八，校园文化是学校成员在教育实践中逐渐形成的以价值观为核心的群体意识和行为规范；

第九，校园文化是一种以校园为主要空间，以学生为主体，以校园精神为主要特征的群体文化，包括通过学校载体来反映和传播的各种文化现象；

第十，校园文化是在学校教育环境下，在培养人才和不断完善自身的实践中形成的具有本校特征的物质财富和精神财富的总和。

这些提法，反映了人们对校园文化认识的不断深化，但各种提法各自又存在一定的片面性，不能完全涵盖校园文化的内涵。

校园文化，首先是一种作为社会主体文化的一个子系统而存在的亚文化，具有区别其他子系统的个性特征。其次，校园文化应该是一种以社会文化为背景，以校园环境为存在时空，以学校管理者和全体师生员工族群为主体，以校园精神为主要特征的群体生态文化。校园文化既反映社会文化的一般性特征，又有自己的特殊性；校园文化既有物质的因素，也包括精神的因素；既是外显的，也是内隐的；可以是静态的，也可以表现为动态的特征。其构成要素主要体现为：①精神要素。即学校在发展中形成的学校精神；②制度要素。约定俗成或明文规定的规范体系——教育、教学和管理中形成的学校规章制度；③物质要素。物质产品——环境、设施构成的校园文化客体。

（二）校园文化内涵

学校校园文化是社会主义先进文化的重要组成部分。加强校园文化建设对于推进教育改革发展、加强和改进学生思想政治教育、全面提高学生综合素质，具有十分重要的意义。学校是连接传统文化与世界文明的桥梁，承担着文化传播的重要任务，同时，承担着创造新文化、培养高素质人才的重任。在学校教育中，校园文化要不断满足学生日益增长的精神文化需求，要时刻处于培养社会主义合格建设者和可靠接班人，弘扬社会主义先进文化主旋律的重要地位。因此，学校校园文化是社会主义先进文化中最活跃、最具创造性的成分之一。

学校作为教育的有机组成部分，其校园文化除具有学校校园文化所共有的特征外，校园文化建设应紧紧围绕教育的办学理念和办学目标，结合办学条件，各显其能，各展其"特"，体现出职业特征、职业理想、职业道德、职业技能、职业态度、职业人文素质特点。职业院校作为区域经济生力军，企业人才储备基地，还要吸收企业文化、区域文化、品牌文化的特点，始终把学生习得一技之长、服务社会的价值理念作为办学指向，突出利于高技能人才成长的实践教学环境设计和良好职业环境氛围的营造。

因而，校园文化是以全体师生为主体，以创造浓厚的学术氛围、人文氛围为基础，以提高学生思想道德素质、人文素质、身心素质、专业技能素质为目标，以环境育人、管理育人、服务育人、网络育人为方式，形成催人奋进的学校精神，促进学校的全面、协调、可持续发展的和谐校园文化。

如果建院之初没有好的精神、思想、理念、校风、教风、学风等文化建设的统领，就很可能走弯路而事倍功半，也很难成为优秀院校。校园文化的建设既关系到学院现阶段能否在如此激烈的竞争中立足，打造好品牌，保持旺盛的生命力，又关系到学院未来发展大计等重大理论与实践的问题。

二、校园文化建设创新

（一）校园精神文化创新

1. 办学理念创新

办学理念是校园精神文化的核心，因而，校园精神文化创新，首先要从办学理念创新着手。

办学理念，是对"为什么办学、办什么学、如何办学"的最为高度和理性的提炼。办学理念作为办学思路、办学经验和理性思维的结晶，蕴涵要丰富，表述要简明扼要。

办学理念的实际表征为学校的办学定位与校训，办学定位是办学理念的具体体现，它包括服务对象上的定位、专业设置上的定位、学院特色上的定位以及培养人才的定位等。学校教育的服务对象定位非常明确，就是为区域经济服务，因而专业设置定位以及学院特色定位上要相应紧跟地方的产业发展，从而适时地培育区域需求人才。

校训，是学校的精神。学校的校训，要浓缩学校的整体形象，反映学校的办学理念和文化定位，从而砥砺莘莘学子的人格品行。同时，还要与时代和产业的发展相携，随形势和环境的变迁而改变。

2. 校园文化氛围创新

（1）校园文化活动创新

在校园文化活动上创新，主要的是要围绕学校的特色出新意，让学生在充分体现校园氛围的文化活动中激发热情，受到影响，得到教育。每年开展一系列的文化活动：专业技能大赛、创业计划大赛等，举办"企业家论坛"、公司经理人讲座、学术报告会等，引领着校园文化活动的潮流，为学生丰富课余文化生活、陶冶情操、完善品格、提高技能提供了广阔的平台，使学生在积极参与文化的竞赛、活动中，提升对所学专业的兴趣，增强学习动力，培养职业道德。

出校门、进工厂、进社区，进企业实践，体验社会生活，也是校园文化活动重要内容的扩展。通过进工厂实践，学生在校期间零距离接触生产实际，亲身体验企业的经营理念、管理模式，熟悉企业的运行规程，把理论与实践相结合，从而为更好地把握专业学习和技能提供了方向。利用节假日进入社区，为需要帮助的人提供服务，进行专业实践性联谊，请社区的有关人士到学校来讲座等活动的开展，让学生在学习的同时，体味到真实的社会，更重要的是在活动中学会友爱，学会帮助，学会生活。

（2）校风学风创新

学校的校风，是对学生的思想、行为产生最直接最重要影响的因素之一。好的校风直接关系学生优秀品质、良好习惯、优良职业道德的养成。学校校风形成，最主要的体现在教风和学风两个方面。

良好的教风是良好的学风形成的前提。教风的优劣直接影响学生价值观、世界观、人生观的形成。因此，学校必须努力建设一支强健的"双师"型教师队伍。这些教师，除具备一般学校教师所具备的广博的知识、娴熟的教学能力、专业的实践素质和能力外，还要具备高度的责任心和良好的职业品质。学校更重要的是教书育人，培育的人才是直接进入到生产第一线的技术工人，因而，就要求从事职业教育的教师，在以精湛的业务技能教书的同时，更要用良好的职业道德和高度的敬业精神，言传身教，潜移默化地感召、影响学生，从而让学生产生积极学习、积极实践的热情，并形成良好的行为习惯，养成良好的职业道德，进而形成良好的学风。

此外，校园文化氛围的形成，还要在校园网络文化、公寓文化、办公室文化等方面，充分体现学校的职业特色。也就是说，在校园文化氛围中，要真正做到以"职"为特色的文化无处不在，无处不对学生形成影响，产生教育，从而真正使校园精神入耳、入眼、入脑、入心。总之，要创新和突出学校的校园精神。

文化建设，是要使学生通过学校特色文化的影响，树立正确的世界观、价值观和人生观，进而确立明确的奋斗目标，并为之进行不懈的努力，真正成为现代化建设事业的合格建设者和可靠接班人。

（二）校园物质文化创新

1. 校园物质文化创新，要把"处处体现职教特色"放在首位

在美化环境、装饰校容的设计和构建上，应当更多地体现职业特色，引入企业文化，让学生在校园里体味到职业的氛围，在校园里感受到企业的气息。不一定有雄伟的楼宇，但必须有宽敞适用的实验、实训车间和教学工厂；不一定有名人字画，但企业文化、职业特色的标识应随处可见；不一定有固定的教室或课堂，但必须有先进的实验仪器和实训设备；不一定在图书馆有多少名人传记言情故事，但必须有最前沿的专业书籍和职业企业文化类报刊。

2. 校园物质文化创新，要体现学校特色的文化印迹

物质文化不仅体现在固定不动的建筑上，还可以在校徽、校标、校报、学报、校园网、宣传册等物品上，设计职业院校自身特有的标记。不仅让在校的师生感受校园物质文化，而且可以通过人与物质的流动，将校园的特色文化带出校门，带向社区、企业，与社会产生融通，让社会品评学院的校园文化，进而改进、提升校园物质文化建设，使学校的物质文化真正体现出特色，经得起品评，对学生形成影响，为学生打上深深的校园文化的烙印。

创新和提升学校的物质文化建设，用独特的风格和内涵影响师生的观念、言行，对于师生良好教风、学习和良好言行习惯的养成，培育师生崇尚职业追求、恪守职业道德，具有深远的意义。

（三）校园制度文化创新

1. 管理制度创新

管理科学、民主，是学校教育目标实现和校园文化开展的有力保证；建立完善的竞争机制，鼓励师生在竞争中求生存、求发展，是学校教育各项工作顺利进行的主要推动力。

管理制度创新，就要在教学管理、学生管理、人事管理等方面，制定切合学校实际的规章制度，并使之具备特色性、可操作性、科学性、规范性。如，制定适应于学校教学的职业资格评聘制度，突出实验、实训专业人员的能力职称，鼓励教师向教学、实践、科研"多师型"教师努力，以更好地增进学校教学、实践、科研共进的良好态势；制定切合学

生实际的校纪校规，体现学校特色的竞赛管理办法，以更好地约束学生的言行，激发他们的兴致和潜能，从而更好地完成学业、熟练技能；制定规范的校园文化制度，使校园文化活动更加活泼有序地开展，浓郁学校特色校园文化氛围；制定完善的人才工作制度，包括人才引进与培养、培训与进修、带学生进工厂实习与考察等，使教师在激励与感召中爱岗敬业，潜心于学校教育教学。通过管理制度的创新，不仅可以统一师生思想，而且可以增加凝聚力，从而有利于师生自我约束，促进学校的自我发展。当体现学校特色的制度文化的作用和功能，确实被广大师生所认同和接受，并将外在的管理文化，转变成为师生的内在文化时，校园制度文化就真正发挥了它应有的作用。

2. 服务制度创新

学校校园文化建设，重在以学生为本。学校必须给学生以更多的人文关怀，用更多的优质的服务来激励学生的学习热情。所以，学校必须在为学生服务方面采取积极有效的措施，让学生鼓足学习知识和技能的勇气，为能成为一名合格的高等技术应用型人才而感到自豪。

创新服务制度要从学生的实际需求出发，在教学、生活、活动等方面加强和规范，从而调动学生的学习、生活积极性。在教学、实践环节，制定合理且操作性强的学习实训制度；在后勤服务及公寓管理方面，充分考虑"以生为本"思想，实现文明就餐和文明管理；在校园活动上，既要把握特色，又要顾及大多数同学，实现全员参与。

学校创新服务制度，营造和谐的职业特色氛围，有利于学生增添专业学习的信心和技能修炼的动力，有利于学校培养品质优秀、专业合格、技能过硬的高等技术应用型人才。

第八章 中国优秀传统文化与思想政治教育工作融合

第一节 传统文化和学生思想政治教育融合的可行性

一、传统文化和学生思想政治教育融合的可能性

（一）目标的最终指向一致

1. 文化的思想政治教育功能

文化具有重要的思想政治教育功能。文化是人类经过几千年的历史创造的，但文化反过来还有塑造人、培养人的功能。从根本上说，人类所受的教育，也就是文化的教育。中国传统文化也不例外。学生是中国传统文化的现实接受者，其思想无时无刻不受到传统文化的影响。在思想政治教育中，采取一定的文化方式，通过文化武装人的头脑，陶冶人的情操，从而促进人的素质的全面提高，达到人的"全面而自由"的发展，这就是文化的思想政治教育功能。

2. 思想政治教育与传统文化的一致性

（1）思想政治教育的目的性与传统文化传承的目标具有一致性

中国传统文化重在培养健康的人格，提高人们的思想道德修养，丰富人们的精神世界，增强人们的精神力量。这些都符合今天人们所追求的道德理想，而且和思想政治教育中培育有理想、有文化、有道德、有纪律的"四有新人"的目标是一致的。

（2）思想政治素质与文化素质的共生性

学生的基本素质包括思想政治素质、文化素质、专业素质和身心素质，其中文化素质是基础，思想道德素质是根本、灵魂。每一种素质都不能独立存在，都和其他素质相辅相

成，思想素质与文化素质更是密不可分，二者具有共生的特点。

（3）思想政治素质和文化素质形成机制的相似性

思想政治素质和文化素质形成机制基本相似，就是教育者根据一定的社会思想道德要求，对受教育者施加有目的、有计划、有组织的教育影响，通过将相关知识内化，形成学生的主观体验，进而形成社会所期望的思想政治品德的过程。

中国优秀传统文化光辉璀璨，是我国人民智慧的结晶，在我国的各个历史时期都发挥着不同的作用和价值，中国优秀传统文化与学生思想政治教育结合的可能性，主要是由优秀传统文化中蕴含着丰富的教育资源和教育功能决定的。

（二）内容具有相通之处

思想政治教育和中国传统文化各自所包含的内容，也存在着许多相通相合之处，二者之所以能相融合，与两者之间存在着的这种相通相合之处有着密切关系。

首先，思想政治教育中的理想教育与中国传统文化中的"大同思想"之间存在着相通相合关系。思想政治教育中的理想教育是以共产主义理想为核心的理想教育。在马克思所描绘的共产主义社会里，没有私有制，没有阶级，没有国家；财产社会公有，人人地位平等；大家各尽所能，各取所需；人性得以充分发展。在这个世界中，人人平等，亲密无间，人尽其才，物尽其用，个人与社会浑然一体。中国传统文化中的"大同理想"与思想政治教育内容中理想教育的共产主义理想之间存在着一定程度的相似之处。这种相似性的存在使中国先进的知识分子更容易理解和接受马克思主义的共产主义理想，从而促进了其在中国的传播。

其次，思想政治教育中最根本性的教育内容也即科学的世界观教育与中国传统文化中朴素的唯物辩证法思想之间亦有相通相合之处。思想政治教育中的世界观教育包括辩证唯物主义两个方面的内容。辩证唯物主义以世界的物质同一性为基础，以辩证法为方法论，以对立统一、质量互变与否定之否定三大规律为主干，坚持人类社会由简单到复杂、由低级到高级的螺旋式上升和波浪式前进的历史辩证法。历史唯物主义则揭示了人类社会发展变化的终极原因是经济因素，并由此强调了社会存在对社会意识的决定作用，物质生产对社会发展的基础作用，以及人的实践对社会发展的推动作用。而中国传统文化中则一贯重视"经世致用"，着眼于从物质生产条件以及民心向背的角度来思考历史的兴衰更替，着眼于从人民的物质生活出发来研究社会的道德与文明。中国传统文化中的这些观点其实与历史唯物主义的观点有着相通相合之处。除此之外，中国传统文化中还蕴藏着朴素的辩证法思想。中国传统文化中所蕴含着的朴素的唯物辩证法思想，与辩证唯物主义和历史唯物主义之间在价值定位和思想倾向上亦存在着相通相合之处。

再次，在政治思想方面，有"民为邦本"与"以人为本"，整体主义与集体主义的契合。中华传统民本思想是"以人为本"思想的文化基因。民本思想在中国源远流长、内涵丰富。尽管它们与社会主义的以人为本思想存在着本质上的区别。但中国共产党提出的"为人民服务""立党为公、执政为民"、坚持群众路线等主张，无疑是传统民本思想在新时代的传承，并被赋予了新的政治内涵。

中华传统的整体主义原则是社会主义集体主义的文化基因。整体主义原则是贯穿于中国封建社会的最重要的道德准则，其基本精神是封建统治集体整体的利益绝对高于个人的利益。表现在政治领域，它是春秋大一统、普天之下莫非王土的观念和王道；表现在社会领域，为家庭、宗族、国家不可分割的情感纽带和社会组织；表现在意识领域，为兼收并蓄、和而不同的宽容精神；表现在伦理领域，为顾全大局、牺牲个人或局部利益的价值取向。尽管它在很大程度上压抑了个性，维持了封建秩序，与科学社会主义提倡的集体主义相去甚远，但是，却与社会主义的集体主义原则有着天然的亲和关系，为中国人选择集体主义提供了肥沃的土壤。

再其次，在经济观念方面，有"天下为公"与公有制，"均贫富"与平等观念的契合。中华传统的"天下为公"思想是社会主义公有制思想的文化基因。在数千年的历史长河中，"公"始终是中华民族的崇高追求和价值标准，是判断善恶的重要标尺。这里的"公"有公产、公利等几层含义。

众所周知，平等是社会主义的基本原则和核心价值。历史上，中国民间乃至许多知识分子最强烈的、最高的诉求就是均贫富，多次农民起义几乎都是以此为口号。尽管古人不可能像今天的学者们那样准确、科学地界定平等，不可能认识到权利平等、机会平等、结果平等的系列平等观，但是，中华传统的平等观念，确实为中国人理解马克思主义，接受科学社会主义打下了坚实的基础。

最后，在文化理念方面，有"贵和思想""天人合一"与和谐文化的契合。追求和谐是中华民族传统文化的主题。传统文化中"贵和"思想理念和"求同存异"的宽容精神，形成了中华民族重要的价值取向，形成了严于律己、宽厚待人、与人为善，先人后己、舍己救人等民族精神。这种和谐思想，铸就了中华民族热爱和平、追求和谐的民族性格，教育引导着世世代代的中华儿女，是构建社会主义和谐社会的基本理念，是社会与自然和谐可持续发展思想的重要思想基因。

可以说，正是中国传统文化与思想道德教育内容之间的这种相通性，才使二者有了相融合的可能性，进而使思想政治教育得以在中国传统文化这一丰厚的历史土壤中不断获得新的发展。

（三）教育模式具有互补性

思想政治教育的方法多种多样，有理论灌输法、实践锻炼法、自我教育法、榜样示范法、比较鉴别法、咨询辅导法等，其中理论灌输法是思想政治教育最主要、最基本的方法。作为一门意识形态色彩极为强烈的科学，思想政治教育自然需要通过理论灌输法来对受教育者进行马克思主义理论教育。不过我国以往的思想政治教育实践，长期以来对其德育功能尤其是意识形态功能过分强调而对其文化功能缺乏应有的关注，这就使得思想政治教育一直偏重于简单空洞的理论说教和意识形态的直接灌输。

思想政治教育对意识形态的过分强调使其自身的文化属性和人文精神受到遮蔽。中国传统文化的教育方式则正好弥补了现代思想政治教育模式的不足。首先，中国传统文化注重渗透而非灌输，强调"以文化人"，受中国传统文化影响而形成的个性品质、思想观念、行为模式等一旦形成就会内化、积淀、渗透于社会成员的灵魂深处，很难改变。其次，中国传统文化注重引导人内心深处的自觉意识，引导人们通过"自省""内省""慎独"等内在自省的方式来反思自己的思想和行为中的不足与过错，进而使人们在认识上达到真正的"知"，不断提升自身的道德修养，使自己不断接近圣人的道德境界。不过以自觉内省方式来提高自身道德修养最终是为了付诸道德实践。最后，中国传统文化注重"知行合一"的道德践履而非空洞说教，可以说"知行合一"正是我国传统文化经过长期的实践探索和理论总结所形成的极具特色的思想道德教育的方法论系统。中国传统文化不仅注重道德教育中的自觉自省，更加注重在自觉自省基础上的道德践履，注重"知"与"行"的辩证统一。上述中国传统文化所倡导的种种教育模式弥补我国现代思想政治教育因过分重视和强调意识形态性而造成的思想政治教育单一、空洞以及枯燥的理论说教和灌输模式。当然，作为一门意识形态色彩极为强烈的科学，思想政治教育离不开理论灌输这种教育模式，只是当我们忽视了文化对思想政治教育的内在渗透力，忽视了受教育者对思想政治教育内在自觉自省意识，忽视了思想政治教育者与受教育者在思想政治教育过程中的道德实践，而过分强调这种理论灌输的教育模式时，灌输的力度再大，思想政治教育也难以取得理想效果，甚至会起反作用。因此，我国现当代的思想政治教育应该借鉴和吸收中国传统文化所提倡和践行的这些潜移默化的渗透、自觉的内在自省以及"知行合一"等教育模式，来改变我国当前思想政治教育单一枯燥的教育模式，弥补我国当前思想政治教育模式的不足，引导全体社会成员积极主动、自觉地反思自身，不断提升自身的思想道德素质，培养自己良好的道德品质，从而提升当前思想政治教育的实效性。

二、传统文化和学生思想政治教育融合的必然性

（一）探索思想政治教育新路径的必然选择

思想政治教育具有文化属性，需要以文化为依托。中国传统文化与思想政治教育相融合，是应对目前思想政治教育存在的困境，探索思想政治教育新路径，提高思想政治教育实效性的必然选择。当前在全球化时代背景下，多元文化并存态势越来越明显，学生的价值观念、思维方式和行为方式都较以前发生了剧烈变化，这对学校思想政治教育提出了严峻挑战。

（二）马克思主义与传统文化发展的内在要求

以马克思主义为思想指导和核心内容的思想政治教育与传统文化的融合是两者发展的共同需要。首先，马克思主义是一个世界性学说。在马克思主义产生以前，民族性是文化的主要特征，像老子、孔子、康德、黑格尔等伟大的思想家，对其民族均产生过一定的影响，但由于历史的和阶级的局限性，他们的思想影响仍属于文化交流和传播的范围。而马克思主义揭示了人类社会发展的一般规律，是一种超越民族和地域局限的世界性革命学说。但是，马克思主义的世界性必须借助一个个具体的民族文化才能实现。黑格尔曾经说过：只有当一个民族用自己的语言掌握了一门科学的时候，我们才能说这门科学属于这个民族了。这一点，对于哲学来说最有必要。就当代中国而言，要做到马克思主义与中国具体实际相结合，也必须使马克思主义取得中华民族的形式，使之在其每一表现中带有必须有的中国特性，取得为中国老百姓所喜闻乐见的中国作风和中国气派。也就是说，把马克思主义与中国革命的具体实践相结合的过程，同时也是把马克思主义同中国传统文化相结合的过程。

其次，自近代以来，各国文化都面临着如何实现从传统向现代转型的问题。本书所说的传统文化，是指中华民族的文化，它是中华民族对自然和人类社会认识的结晶。传统文化正是通过与马克思主义的有机结合，才发展和弘扬了自身的精华，抛弃了自身的糟粕，实现了自我提升与现代转型。

（三）形成和发挥文化软实力的基本保证

文化软实力是指一个民族、国家或地区的文化影响力、凝聚力和感召力，是国家软实力的核心因素。这是因为，文化作为一个国家的灵魂或血脉，凝聚着这个民族对世界和生

命的历史认知和现实感受，积淀着其最深层的精神追求和行为准则，并承载着整个民族自我认同的核心价值取向。就一个民族或国家自身的发展来说，文化软实力主要表现为一种精神上的整合力，它有利于国家凝聚力的形成和民族性格的养成，有利于促进民族团结、国家统一、政权巩固和文化自信。一个国家如果对本民族或本国的传统文化缺乏自信，忽视自身文化软实力的开发和建设，那么就等于放弃了本民族或本国的文化主权，其结果自然会导致本民族或本国人民价值取向的混乱，以及精神家园的丧失，甚至民族的离散和国家的分裂。因此，作为一个由56个民族组成的统一的多民族国家，加强对五千年来绵延发展而从未中断过的中国传统文化软实力的开发和建设，充分发挥其对全国各族人民的思想教育和价值引导作用，就显得尤为重要。

中国传统文化和世界上其他民族的传统文化一样，植根于民族的土壤中，从总体上反映和代表着一个民族或社会的思维方式、价值观念、伦理道德，体现在人们的生活方式、风俗习惯、心理特征上，内化、积淀、渗透于每一代社会成员的心灵深处，往往凝聚为民族特有的国民性格和社会心理，作为一种注重道德教化的伦理型文化，中国传统文化自身就具有显而易见的能动的思想政治教育功能，而我国思想政治教育本身所具有的文化属性和民族属性也使其无法离开五千年来中国传统文化留下来的精华。因此，中国传统文化软实力要最终实现其对外的亲和力、渗透力以及对内的凝聚力和塑造力，则必须通过思想教育和引导的方式来进行和完成，中国传统文化和思想政治教育的有机融合正是中国传统文化软实力得以形成和充分发挥的基本保证。

（四）"文化自觉"与"文化自信"的要求

没有高度的文化自信，没有文化的繁荣兴盛，就没有中华民族伟大复兴。所谓"文化自信"，是指一个国家、一个民族、一个政党对其自身文化传统和内在价值的充分肯定，对其自身文化生命力的坚定信念。"文化自觉"是指"生活在一定文化中的人对其文化有自知之明，明白它的来历、形成过程、所具有的特色和它发展的趋向，不带任何文化回归的意思，不是要复旧，同时也不主张全盘西化或全盘他化。"换言之，即是文化的自我觉醒、自我反省、自我创建。

世界上任何民族的传统文化有积极的方面，同样也有消极的方面，"一个民族的文化能否实现自觉和自信，很大程度上取决于对传统文化扬弃的客观与科学态度"。可以说，对传统文化的理性批判、合理继承、勇于创新正是"文化自觉"的本质要求。也就是说，一个民族能否对其自身的传统文化进行客观地评价和认识，关系着一个民族"文化自觉"的实现与否。中国传统文化是勤劳善良的中国人民在长达五千年的中国社会发展中创造出来且从未间断过的，这在世界文化上是独一无二的。它不仅标志着中华民族对人类文明和历史的卓越贡献，也是中华民族区别于世界上其他民族的鲜明文化身份和基本族群特征。只有认识、理解、接受并内化中国传统文化，我们才能理解自己民族身后的历史底蕴，也才能知晓我们是从哪里来，并对我们现在的生活和未来的美好图景进行规划。反之，如果失去对中国传统文化的认同与理解，我们必定会失去对自己民族文化身份的认同和归属感，进而导致我们思想文化上的无家可归。因此，对数千年来传下来的中国传统文化能否进行客观的评价、认识和科学合理的扬弃，关系着中华民族"文化自觉"的真正实现与否。当前我国思想政治教育的重要任务之一，就应该是在马克思主义的指导下，按照"取其精华，去其糟粕"的原则，充分肯定中国传统文化的内在价值，坚定中国传统文化的自信心，努力挖掘中国传统文化的当代价值，不断包容借鉴其他外来文化中的精华，并将其吸收内化，使中国传统文化和现代思想政治教育优化整合，从而实现中国传统文化的现代转化和创新发展，进而真正实现"文化自觉"与"文化自信"。

三、传统文化和学生思想政治教育融合是社会发展的需要

（一）践行社会主义核心价值观的动力源泉

培育和弘扬社会主义核心价值观必须立足中华优秀传统文化。社会主义核心价值观的提出是以中国传统文化为深厚根基的。比如国家层面的价值目标"富强、民主、文明、和谐"便具有深厚的传统文化内涵。"富强"是国家发展的首要目标。只有国家富强，人民才能安居乐业，国家强大，才能抵御外敌。同时，这也充分说明了"民为邦本，本固邦宁"的"民本"思想。中国封建社会虽然是人治社会，但是也讲求"民为贵，社稷次之，君为轻"的民本思想。可见，民主作为现代文明社会的一大基本价值，也是有文化根基的。文明是社会发展水平高、有文化的状态。古代中国创造了光辉的东方文明，成为四大文明古国之一，今天，国家的发展目标也应该继承古代文明传统，创造出新的现代文明。和谐是从古至今向往的理想社会。中国传统文化也强调天人合一，实现人与人、人与社会、人与自然之间的和谐。今天，构建和谐社会也必然是国家的价值目标。社会层面的"自由、平等、公正、法治"，公民个人层面的"爱国、敬业、诚信、友善"同样是对中国优秀传统文化的彰显与继承。

（二）解决现代社会精神迷失、道德失范的一剂良药

首先，优秀传统文化教育的缺失造成社会群体精神迷失。传统文化教育重视塑造人的

精神，将为学与做人、处事合为一体，求知的过程便是德行修养的过程。传统文化十分强调人精神的塑造与培养，强调教育要先塑造人的精神，再学习六艺等具体的技艺。而今天，现代教育学科划分得越来越细，知识传授得越来越多，却忽视了教育的根本—培养一个人格健全而有精神的人。教育必须为社会主义现代化建设服务，必须与生产劳动相结合，培养德、智、体、美、劳全面发展的社会主义事业的建设者和接班人。

其次，优秀传统文化教育的缺失造成社会道德失范。传统文化特别强调道德教育，并将道德教育贯穿于学习的过程之中。

面对精神迷失与道德失范的社会问题，只有加强优秀传统文化教育，以全方位的优秀传统文化教育去加强学生人格塑造，增强学生人文素养，才能形成良好的社会风气。

第二节　中国传统文化融入思想政治教育的途径

一、传统文化融入思想政治教育必须树立全员育人的意识

（一）全员育人的内涵解读

我们所说的"育人"，不单单是传授知识，也包含启迪思想、养成道德、传承文化等方面的内容。而"全员育人"，从字面上理解，说的是育人要具有全员性。"全员育人"分为狭义和广义的层面，狭义的层面仅指学校内部所有人员参与的育人观念，包括学校内的教职工、学生等，这种"全员性"包括管理育人、思想育人、文化育人、教书育人、服务育人等多个方面。这些方面的展开，需要学校所有人员的共同努力。而从广义上来讲，"全员育人"则从学校外延到了家庭、社会以及学生自己等层面，形成了一个更大的育人体系。

其实，育人不只是学校的工作重心，也是整个社会的工作重心。因此，学校有必要树立广义上的"全员育人"思想，以学校为中心，让整个社会都参与进来，例如家庭、社会机构，等等，大家齐心协力，从各个维度出发进行全员育人，构建科学的学校、家庭、社会一体化的全员育人格局，才能达到更好的效果。

（二）全员育人的意义剖析

1. 全员育人是高等教育大众化的需要

现在，我国的高等教育越来越走向了大众化的层面，这就使得高等教育出现了很多新

的动态。例如，学校办学规模扩大，办学形式得到了丰富，办学形式和层次更加多样化，但与之相对的是，学生的道德素质和文化素养变得参差不齐，由此带来了学校的管理难题。再如，新形势下，学生对于学校各个方面的要求也提高了不少，特别是在教学水平、师资配备与软硬件服务等方面，学校的教师队伍和管理水平难以适应，使高等教育育人面临了很多新情况、新挑战。在高等教育过程中实行"全员育人"，要认真对待这些新情况和新问题，因此就要积极探索多条路径多种形式，形成科学多维的育人体系，开创更好的育人局面。

2. 全员育人是学生社会化的要求

学生毕业以后，就要进入社会，走上工作岗位，开启自己的职业发展生涯。因此，在学校期间，学生就应该能有一定的适应社会的专业能力和基本素质。这些能力和素质既可以通过大学期间的学习从各类书本资料中习得，也可以从教师教书育人的言传身教中习得，还可以通过参加各类丰富多彩的专业实习实训、社会实践活动来习得。这就要求学校育人不能只靠学校单方面来完成，而是要结合家庭、社会一起来完成，在高等学校教育的基础之上充分挖掘家庭和社会资源的潜力，形成正向合力，推动学校全员育人向社会纵深发展。

3. 全员育人是社会发展的必然趋势

现在，整个社会都处于快速发展之中，学校的育人环境也处在不断发展之中。学校育人一定要适应新形势，与全球化、网络化、信息化、数据化的发展一致。这就要求学校能用开放的眼光去审视全员育人的问题。现在在全球范围内，各个国家都很重视在育人时强调学校与家庭、社会的共同参与，注重非学校因素对育人工作的影响，鼓励家庭、社区、媒体、社会机构更多地参与到学校的育人工作中来。

二、加强对学生学习传统文化的正确引导

（一）培养学生的文化自信

学生作为未来国家建设和发展的中坚力量，承托着国家和民族的希望。在人生旅途中，大学时期也是思维最活跃、受教育影响最大的时代。因此，学校在思想政治教育中，就要着力用传统文化来影响学生，培养他们高度的文化自信，增强他们的民族自豪感。作为社会上的高知识群体，学生的文化自信如何，对中国传统文化的接受和理解如何，也可以说一定程度上影响着整个社会对国家和民族的自尊心和自豪感，影响着社会大众对中国

传统文化的关注情况。以前，我国应试教育和功利性学习，曾经使中国传统文化的重要性被忽视。但现在，我们需要大力拾起中国传统文化，为中华民族文化复兴打好基础。现在，全球化的浪潮使学生更容易受到各种思潮的影响，因此做好中国传统文化与学校思想政治教育的融合不能有丝毫的松懈，要着力防止世界上其他强势文化在学生意识中产生的对中国传统文化的冲击和占领，提高学生对于中华民族和文化的认同感，使其能够主动地鉴别中国传统文化与外来文化的优劣，好的要吸收，但是中国传统文化和民族精神的本质不能变，做到不夜郎自大、故步自封，也不妄自菲薄、盲目仿效。总之，"文化自信"是国家和民族对于学生的一个要求，学生有理由走在社会大众的前面。

第一，引导和鼓励学生学习优秀的传统文化，大力弘扬革命文化，重视马克思主义信仰教育。

在将中国传统文化融入学校思想政治教育的过程中，各个学校应该根据自己的特点，挖掘中国传统文化中优秀的资源和宝贵的精神财富，并且在实践过程中予以创造性的转化，尤其是中国传统文化中的仁爱、诚信、正义、爱国这些思想，千百年来都有着重要的价值，而且在未来也会产生重要的价值，是一定要继承和发扬的。在教育的过程中，也要引导学生在实际的生活和学习中去践行这些理念，做到中国传统文化优秀精神与现代社会的契合发展。同时，马克思主义已经被证明是中国社会发展最有力的保障，因此，学生也必须要在马克思主义的指引下，树立自己的价值观、人生观和世界观，要坚定地信仰马克思主义，并且将马克思主义与中国传统文化的优秀思想结合起来，创新性地发展。

在这个过程中，学校要做的工作有很多。例如要努力营造中国传统文化的氛围，提供更好的传播中国传统文化和马克思主义的平台。在互联网大发展的前提下，可以多设计一些微课堂，通过快速便捷、短小精悍的形式把学生的注意力吸引过来，加深他们对于传统文化知识的学习和体悟。学校也可以组织一些有意义的传统文化活动，例如聘请知名传统文化专家来校举办讲座，如孔子学堂、孝文化讲座、家风讲座、茶文化讲座，在各种纪念日中进行纪念活动，让学生形成强烈的爱国主义思想、爱护大众思想、为国出力的责任感和使命感。现在，我们欣喜地看到国家和政府也加强了对于传统节庆的保护，重大的传统节日都有假期安排，另外一些节日也重点营造了相应的氛围。高等学校也应该抓住传统节日这一平台，在传统节日中设计一些与之相关的文化教育活动，让学生充分认识到相应传统节日背后的思想和内涵。甚至有条件的，在活动的组织和策划过程中，也可以让学生参与进来，一起动手完成，学生亲身体验得来的认识将比原来那种被动认识过程的效果要好得多。以此让更多人能深入了解中华优秀传统文化，增强学生对传统文化的自信。

第二，培养学生"明辨"的能力。"明辨"对于学生来讲极其重要，它的强弱直接关系到一个人思想境界的高低。学生在生活和学习中，都要善于思考和分析，并在思考和分析的基础上做出对的选择，处事做人要稳重、踏实，要谦虚又要自信，要有做学问做事业坚持不懈的意志和品格。当前，我国学生的文化自信还需要加强，这就少不了锻炼学生的明辨能力，如果没有好的明辨能力，学生就不会意识到中国传统文化的重要性，反而不加甄别地吸收崇拜外来的文化。

培养学生明辨的能力，学校首先要改革传统满堂灌的教学方法，老师应该组织和引导学生自我学习和相互讨论，要更多地采用讨论式和启发式的教学方法。真理是辩出来的，不是死记硬背地"学"出来的。其次，学校要高度重视"论辩"氛围的建设，给学生创造充分的"论辩"环境。例如，学校可以组织各种和"论辩"相关的比赛，也可以利用现在互联网互动性强的特点，在线上开展一些相关的辩论和探讨，班级或专业也可以定期举行一些讨论交流活动，通过各种途径让学生积极加入进来。在这样的"论辩"氛围中，学生的思维和观点在与别人的思维和观点的碰撞中，会得到极大程度的开拓，自己辨析是非的能力也就会得到提升。

（二）将传统文化教育纳入学校思想政治教育理论课体系

1. 要改进学校思想政治的课程体系

中国传统文化已经成为学校思想政治教育的重要内容之一，因此，中国传统文化的内容应该系统地体现在思想政治理论课程的设置中。然而审视我国学校思想政治教育的课程设置发现，目前我国的思想政治理论包含必修课和选修课，但是并没有相应的中国传统文化必修课程。在由各校做出选择和安排的选修课中，中国传统文化的课程也并非每个学校都有设置，中国传统文化的课程多见于中国语言文学、外国语言文学专业，而理科、工科的专业最多是有大学语文课程的设计，中国传统文化的课程基本上没有设计在专业课程和人才培养方案之内。可见，虽然中国传统文化与思想政治教育已成为我国思想政治教育学科的重要方向之一，但其相关内容并没有系统地体现在课程设置中，课程设置落后于学科方向的建设。因此，在学校思想政治教育中，除了原来的课程，还应增加相应的中国传统文化必修课程，并将其作为学校思想政治教育的必要补充。

2. 要在教材中增加中国传统文化内容

现在我国很多学校的思想政治教育教材还没有过多将中国传统文化内容列入其中，更多的是政治理论知识的阐释和讲解，这是不利于传统文化与学校思想政治教育相融合的。虽然现在的学校思想政治教育理论课教材在统编时因其概论和纲要性决定了它很少有中国传统文化的内容，但教师在教学过程中应该根据学生的专业背景、文化素质背景和相应的切入点，将一些中国传统文化的内容作为素材添加到教学中去。这样的教学才会有血有肉和丰富多彩，学生也易于接受。在课程内容设计上，要加强思想政治教育与中华传统文化之间的交融性与一致性研究。一方面，中华优秀传统文化是马克思主义中国化的基础，马克思主义扎根于中华优秀传统文化的沃土上，才能实现其中国化进程，才能符合民族发展的需要，才具有了更强的生命力和传承性。另一方面，中国化的马克思主义内在地包含着中华优秀传统文化的精神财富。这才能让中国化的马克思主义融入中华民族发展的现实需要，才能把中华优秀传统文化和马克思主义进行全面的结合。因此，思想政治理论课教师应该全面推动和加强马克思主义理论与中华优秀传统文化的融合，为中华优秀传统文化有效融入思想政治理论课教学提供理论支撑和实践经验。同时，我们也要加强中华优秀传统文化的理论研究与价值挖掘，不断增强将中华优秀传统文化有效融入思想政治理论课教学的文化自觉和自信。

3. 要将中国传统文化引入思想政治教育的课堂教学中

无论从哪个方面来讲，课堂还是学生接受教育的主要地方。在课堂上进行好的教学，才能收到好的效果。在课堂教学中，教师不能纯粹地利用书本教学，也可以多利用其他一些好的教学手段，教师要能够深刻地洞悉学生的学习需求和接受能力，驾驭庞杂而深邃的优秀传统文化内涵，并且合理设计教学内容，创新改进教学方法和切实提升教学效果，例如相应的视频播放、文化专题的讨论。将中国传统文化引入思想政治教育的课堂教学中，结合思想政治理论课的教学，围绕普及和弘扬中国传统文化知识，培养学生对中国传统文化的兴趣与爱好。教师也要做好观察和记录，对课堂运行情况进行数据采集，为数据分析和研究提供材料；并基于课堂教学的大数据研究，不断提升教育水平，改善学生课堂学习质量，全面推动课堂教学工作的有序开展。作为学生来看，学生对传统文化已具备一定的自学能力和理性认识，教师在课堂教学中就不能仅仅停留在浅层次的知识灌输或貌似高深的理论讲解，这样不会达到增强文化自觉和文化自信的实际效果，更多的可能是会导致课堂教学的枯燥乏味。很多课堂教学存在着重知识讲授，轻精神内涵阐释的现象，完全侧重于考核评价为导向，只向学生进行知识点的灌输，单纯地让学生记忆一定的传统文化知识，相对缺少对传统文化蕴含的民族精神、道德情操、人文涵养的深入挖掘。教师应该创造条件，对课堂教学效果进行提升，对课堂学习潜力进行挖掘，可以通过启发式教学增进学生理解认同，以平等中肯的说理为学生答疑解惑，鼓励、组织和指导学生进行学习讨论，培养学生跨文化理解能力等。

（三）综合运用多种思想政治教育载体

1. 中国传统文化与活动载体

所谓活动载体，也就是以活动作为载体。教育者为了达到教育目的，可以举行各种形式的活动，将想要传授的思想政治教育内容融入这些活动之中。受教育者在活动的过程中，不知不觉地受到教育，提高自己的思想政治和道德素养。活动载体在中国传统文化融入学校思想政治教育的过程中能发挥很重要的作用，因此举办活动的形式需要引起各学校的重视。

2. 中国传统文化与大众传媒载体

（1）传统文化的通俗化

中国传统文化是几千年来中国人的精神基因，也是中华民族生生不息的力量之源。在传统文化融入学校思想政治教育时，思想政治教育工作者要做到古为今用，要积极创新。虽然传统文化大多来源于历史，来源于古代人们凝结的思想知识，但在进行教育时，思想政治教育工作者也要注意将这些知识进行通俗化的解读，这样才能更容易被学生们所接受，也才更利于中国传统文化的传播，让传统变得易流行，也传承得更久更远。

传统文化的通俗化，很好的一个例子是将它和一些有趣味的节目结合起来。现在，有很多类似的电视节目就比较火，例如《中国诗词大会》《中国成语大会》等，这些节目火起来以后，也一定程度地带动了诗词、成语等传统文化内容的传播。这样的节目形式，学校也可以作为参考，在校园中打造更有深度、更具广度、更能触动人心的传统文化活动或节目，如主题演讲、中国故事大家讲、中秋节诗词赏析大会、传统故事话剧比赛、经典诵读比赛等，将这些节目做到融知识性、趣味性、互动性于一体。这样可以让一些经典的传统文化变得活化，当一档节目既有观赏性又有趣味性，还兼具文化性时，它一定会受到学生们的热爱。

传统文化的通俗化，还可以将中国传统文化和一些文化创意产品结合起来。现在我们在市面上能看到一些标上康熙微服私访或是故宫标记，或是兵马俑的仿古产品或文化衫等，这些产品颇受人们喜欢。先不说这些文创产品的好坏，单从传统文化和文创产品的结合来说就是一个很好的创意。因为这样一来，传统文化就不是只存在于字里行间的东西了，而是借助一些产品活化了起来，不仅增加了产品的观赏性、传播性、可视性，也展示了它的文化性和创新性。学校也可以借鉴这样的思路，在一些有校园特色的产品、海报、标识标牌上展示相应的传统文化内容，也可以鼓励学生根据自身对中国传统文化的了解与认识，组建团队，通过学生创新创业项目的申请，开发更多深受学生喜爱和使用的校园传统文化创意产品，让校园文化活动拥有更多传统文化的因素呈现和内涵解读。这可以算得上是一种别开生面的做法，学生接受起来也非常容易，记忆也会更加深刻，运用起来也会更加自如。

（2）传统文化的网络化应用

中国优秀的传统文化并不只是放在书斋中的，而是应该更大程度、更广范围地进行普及。网络作为新型的传播渠道，各个学校就应该充分地将其利用起来，拓宽网络教育的方式方法，充分发挥网络文化的教育引导作用。这是一种传统文化与现代手段结合的重要方式。首先，学校要在传统媒体和网络新媒体的互动中，注重网络技术应用和文化传播融合过程中的趣味性挖掘，不断地推进传统文化的传承、发展与创新。其次，学校中国传统文化网络课程的开发也是传播传统文化很有效的快速通道，各学校可以结合学生专业课程设计的实际，通过线上网络课程，打破教室、图书馆的空间限制，在手机或电脑端实现传统文化课程的教学、考核与反馈，使传统文化的教与学更快捷更方便，也能够让优秀传统文化的教育拓展更多的网络育人阵地。

三、加强科研与教师队伍建设，提高科研与教学能力

（一）思想政治理论课教师在优秀传统文化教育活动中的作用

1. 思想政治理论课教师是优秀传统文化课堂教学活动的实施者

在课堂教学中，以爱国主义教育为重点，深入进行弘扬和培育民族精神教育。深入开展中华民族优良传统和中国革命传统教育，是帮助学生树立正确的世界观、人生观、价值观的主阵地。当然，在这样的一个过程里，学生并不是孤立的个体，毕竟就教育而言，是需要教师和学生一起来努力完成的。师生协同努力，才能建构起知识体系，形成良好的品德，教师在其中是主导者，是中国传统文化的梳理者和传授者。

关于教师在教学活动中的重要作用，联合国教科文组织提出过一个影响教学质量的公式，即教学质量＝（学生＋教材＋环境＋教学方法）×教师。从这个公式中我们可以看出来，如果教师有好的能力和水平，他的教学效果也会很高。学生思想政治教育的主要任务之一，应当以为人民服务为核心、以集体主义为原则、以诚实守信为重点，广泛开展社会公德、职业道德和家庭美德教育，引导学生自觉遵守爱国守法、明礼诚信、团结友善、勤俭自强、敬业奉献的基本道德规范。坚持知行统一，积极开展道德实践活动，把道德实践活动融入学生学习生活之中。由此可以看出，正确的知行合一是学生思想政治教育和优秀传

统文化所追求的理想目标，在此过程中，教师要充分体现出发展较成熟主体的主导和示范作用，以自身的言传身教来影响和教育学生，切忌照本宣科、循规蹈矩、僵化保守，最终影响到课堂教育教学的效果。

2. 思想政治理论课教师是优秀传统文化教育方向的引领者

学生思想政治教育的主要任务，是帮助学生树立正确的世界观、人生观和价值观。因此，在学校思想政治教育中，开展优秀传统文化教育就有着它自己的特有使命，这是社会主义现代化建设的需要。在建设中国特色社会主义事业的过程中，如果没有对优秀传统文化的继承和弘扬，中国的社会主义现代化建设就会因失去历史的基础而难以更好地推进。有了教师对教学内容的选择和把握，中国传统文化教育的内容和方向才不会偏离学校思想政治教育的目标，才不会违背党和国家的教育方针和政策。优秀传统文化教育在方向性、思想性、政治性上的特殊性，要求教师在进行优秀传统文化教育时，要对学生进行思想上的引导与指引，让学生明白哪些是符合时代需要的部分，哪些是需要淘汰的部分。例如崇德利用思想，一方面，它非常注重个人的道德修养，重视社会的道德教化、以德治国以及崇尚道义节操等。在崇德利用思想的塑造下，人有可能成为一个全面发展的人，可能处理好各种人际关系，这也是对个人全面发展的重大贡献。另一方面，崇德利用思想有着明显的缺陷和片面性，它夸大了个人的道德修养在社会发展中的作用，将德治和道德教化在治理国家和维持社会运转中的作用理想化，甚至把修身当作治理国家的首要原则，把治理国家和维持社会稳定的希望寄托在个人的道德修养上，这样，其消极性就暴露无遗。因此，在学校思想政治教育中进行优秀传统文化教育时，教师应让学生明白，进行优秀传统文化教育是培养学生民族意识的需要，是学生全面发展的需要。中国传统文化既是中华民族的根，又是每一个华夏儿女的根。对学生进行优秀传统文化教育，一方面，可以强化学生的中华民族身份认同；另一方面，教师也要结合当今社会的特点，对优秀传统文化做出合乎社会需要的新的诠释，确保优秀传统文化教育的社会主义方向。

3. 思想政治理论课教师是校园优秀传统文化建设的引导者

如果说中国传统文化的教学是一座冰山，那课堂教学只是这个冰山的一部分。对于学生而言，大部分优秀的中国传统文化知识还是要通过课外的途径来获得。刚开始的时候，中国传统文化的相关知识或是其他知识都只是信息形式，还没有对学生的思想过程产生实质性的影响。但是，如果这些传统文化知识或其他知识与一定形式的背景结合起来，例如学校开展的各类讲座、实践活动，就能让参与的学生接受，在这种接受的过程中，学生的认知就可能得到重新构建。也就是在这样的构建之后，原本那些以信息形式出现的知识才会内化为学生脑海中的知识图像。这些知识图像一旦建立起来，就可能真正作用于每个学生个体，对他们的思想、品德、意识形成影响。在这样的一个过程中，我们可以看到，原始的一些有用的信息，以及与之有联系的背景活动是让学生认知图像形成的关键因素。所以，在校园内外开展传统文化活动是传统文化普及的重要途径，各个学校应该引起必要的重视，并形成新的教育方向。思想政治理论课教师更是其中的重要设计者，各种学术、科技体育、辩论赛都可以进行，将德智体美劳各项教育有机地结合起来，将教育寓于活动之中，宗旨是让学生们接受并热爱中国传统文化，形成符合中国社会主义建设的思想品德修养。

（二）思想政治理论课教师应具备的基本素质与能力

1. 提高对思想政治教育的认识

学校思想政治教育肩负的任务就是树立学生正确的世界观、人生观和价值观，提高学生们的道德修养、文化素养。它对于学生将来走上工作岗位，成为国家和社会需要的人才极为重要。特别值得指出的是，我国当前学校中普遍存在重智育轻德育的情况，学校思想政治教育更加突出的是对学生正确的人生观、世界观和价值观的培养。

2. 增强思想政治理论课程的实效性和针对性

第一，要以高度的责任感、紧迫感和使命感，把加强和改进学校思想政治理论课作为一项重大而紧迫的政治任务，切实抓紧抓好。学校思想政治理论课的教师一定要有高度的责任意识，要把中央精神很好地贯彻下去，体现在自己的责任意识和职业素养上来，要和中央部署的学校思想政治理论课程设置新方案接轨，要认真研读中共中央对于教材编写和审定的精神，尽快熟悉和掌握新课程的教学目的和基本要求，在各方面让自己保证授课的质量，要有一种全身心投入的精神，绝不能马虎应对。学校思想政治理论课的教师要认识到，做好思想政治教育不仅是对学生负责，对自己负责，也是对国家和民族负责。

第二，要切实提高自身素质，真正成为学生健康成长的指导者和引路人。思想政治理论课是为了提高学生的思想素质和道德修养而开发的，思想政治理论课教师要让学生有一定的道德素养，那自己首先就必须成为一个有着高尚道德素养的人。思想政治理论课教师本身的言行、思想对学生是有着很大影响的，本人有着高尚的道德素养，学生才可能产生同样高尚的道德素养。反之，思想政治课教师任何一点道德修养上的小缺陷，都可能会给学生造成不可估量的影响。因此，学校思想政治课教师一定要努力提高自己的思想道德素质，平时的实践活动要符合思想政治教育的精神和宗旨，只要是要求学生要做到的，自己就要首先做到。喊破嗓子，不如做出样子。榜样的力量是无穷的。思想政治课教师以身作则，自己带好头，对学生中间形成良好的风气才会起到决定性的作用。思想政治课教师要知道，自己的一言一行、一举一动，都有着重要的示范和引导作用，因此必须做到真正有修养，讲道德，并且把这当成是一种责任，绝不违反。学校思想政治课教师是学生思想政治教育的领路人，只有自己的功夫做扎实了，才能在思想政治方面教育好学生。

参考文献

[1] 巩克菊. 人的利益与思想政治教育创新 [M]. 北京：中央编译出版社，2019. 01.

[2] 吴长锦. 思想政治教育协同创新研究 [M]. 北京：中央编译出版社，2019. 01.

[3] 杨永明，冯丽丽. 党建引领下的思想政治教育研究 [M]. 成都：四川大学出版社，2019. 11.

[4] 陈燕. 思想政治教育社会治理功能研究 [M]. 北京：中央编译出版社，2019. 01.

[5] 夏莉琼. 以大数据思维推动思想政治教育创新发展 [M]. 长春：吉林出版集团股份有限公司，2019. 06.

[6] 袁晓妹. 人性自由视域中的思想政治教育研究 [M]. 北京：人民日报出版社，2019. 01.

[7] 张子睿，卢彤. 思想政治教育实践育人理论与对策研究 [M]. 北京：经济日报出版社，2019. 01.

[8] 李忠红，王贺. 思想政治教育探究 [M]. 北京：社会科学文献出版社，2019. 04.

[9] 杨政. 创新教育与思想政治教育 [M]. 沈阳：辽海出版社，2019. 01.

[10] 宋昭. 创新视角的思想政治教育 [M]. 沈阳：辽海出版社，2019. 01.

[11] 程婧. 积极思想政治教育研究 [M]. 天津：南开大学出版社，2020. 12.

[12] 钱云光. 互联网思维与思想政治教育创新研究 [M]. 成都：电子科技大学出版社，2020. 03.

[13] 刘保民. 思想政治教育基本问题研究 [M]. 西安：西北大学出版社，2020. 11.

[14] 李辽宁. 新时代思想政治教育前沿问题研究第1辑 [M]. 成都：四川大学出版社，2020. 12.

[15] 邓莉，牛玉婷. 思想政治教育学原理 [M]. 北京：现代出版社，2020. 07.

[16] 曹一宁. 新时期传统文化与思想政治教育创新研究 [M]. 北京：北京工业大学出版社，2020. 07.

［17］周百川，刘正，姜胜影. 思想政治教育教学研究［M］. 沈阳：辽海出版社，2020.
01.

［18］叶方兴. 思想政治教育的社会视界［M］. 桂林：广西师范大学出版社，2020. 10.

［19］马志霞. 思想政治教育学科价值研究［M］. 北京：社会科学文献出版社，2020. 08.

［20］刘金如. 思想政治教育实效性研究［M］. 湘潭：湘潭大学出版社，2020. 07.

［21］倪瑞华. 思想政治教育认同基本理论研究［M］. 北京：中国民主法制出版社，2021.
01.

［22］刘萍萍. 现代思想政治教育的文化价值研究［M］. 北京：现代出版社，2021. 01.

［23］罗亚莉. 思想政治教育调查方法理论与实践［M］. 成都：四川大学出版社，2021.
10.

［24］李基礼. 思想政治教育基本理论的当代重构［M］. 北京：社会科学文献出版社，
2021. 12.

［25］崔晋文. 思想政治教育中的美育问题研究［M］. 武汉：武汉大学出版社，2021. 09.

［26］王瑞娜. 新时代思想政治教育个体价值及社会实践研究［M］. 北京：光明日报出版
社，2021. 06.

［27］奚彦辉. 化与认同思想政治教育实践机制的深层理论探究［M］. 北京：光明日报出
版社，2021. 05.

［28］何宗元. 新时代思想政治教育协同育人原理与实践研究［M］. 北京：企业管理出版
社，2021. 07.

［29］刘五景. 思想政治教育者素质论［M］. 北京：社会科学文献出版社，2021. 12.

［30］项久雨. 思想政治教育方法导论［M］. 武汉：武汉大学出版社，2021. 09.